LA CONSTITUTION ESPAGNOLE DE 1812;

PRÉCÉDÉE D'UN PRÉCIS DES ÉVÉNEMENS QUI L'ONT AMENÉE,

PAR

M. B. SAINT-EDME.

Prix : 60 centimes.

PARIS.

BAUDOUIN, Rue et hôtel Mignon, 2. | LECLAIRE, Rue Hautefeuille, 14.

1830.

LA

CONSTITUTION ESPAGNOLE

DE 1812,

PRÉCÉDÉE DU PRÉCIS DES ÉVÉNEMENS
QUI L'ONT AMENÉE,

Par M. B. Saint-Edme.

PARIS.

P. BAUDOUIN, Rue et hotel Mignon, 2. || A. LECLAIRE, Rue Hautefeuille, 14.

—

1830.

Paris, imp. de P. Baudouin, rue Mignon, 2.

En 1808, une révolution de palais mit la couronne d'Espagne sur la tête de Ferdinand VII, fils de Charles IV et de Marie-Louise de Parme. La haine que l'on portait à Godoi, qui, de simple garde-du-corps, étant parvenu à gouverner l'Espagne, grâce aux bontés coupables de Marie-Louise, avait facilité cette usurpation royale.

Charles IV en appela à Napoléon ; et bientôt, par le traité de Bayonne, ce malheureux roi, cédant à la vengeance qui l'animait ; Ferdinand VII, abaissant l'Espagne à sa peur d'homme ; les infans don Carlos et don Antonio, et Marie-Louise elle-même, entraînée par le prince de la Paix, abdiquèrent la puissance souveraine en faveur du guerrier dont la volonté commandait à l'obéissance.

Napoléon, ambitieux de trônes pour sa famille, donna celui de Madrid à son frère Joseph.

Joseph eût pu se faire aimer, car il avait de ces vertus privées qui attachent un peuple ; mais les Espagnols patriotes exaltés, voyaient avec peine un étranger à la tête de leur gouvernement ; mais les Anglais fomentaient l'esprit d'insurrection ; mais les armées impériales labouraient les champs de la Péninsule : comment Joseph eût-il pu parvenir à se faire apprécier et à gouverner dans l'intérêt de sa nouvelle patrie ?

Dans tous les lieux successivement abandonnés par les soldats français, des juntes provinciales se formèrent, dont la popularité grandit au milieu de l'effervescence générale. Ces juntes, pour donner plus d'efficacité à leurs efforts et les soumettre à une direction commune, arrêtèrent la formation d'une junte suprême, composée de députés de chacune d'elles, avec mission de diriger les affaires et de convoquer les cortès.

Trente-six députés des juntes provinciales formèrent la

junte centrale qui se réunit à Aranjuez au mois de septembre 1808. Après la reddition de Madrid, la junte transféra le siége de sa résidence à Séville, où elle exerça ses fonctions jusqu'au mois de février 1810. La perte de la bataille d'Ocana où commandait l'Empecinado et l'invasion de l'Andalousie, forcèrent la junte à se retirer dans l'île de Léon. Là elle résigna ses pouvoirs à un conseil de régence composé de cinq membres, qui obtint l'adhésion de toutes les parties usurpées de la nation et aussi celle de l'Amérique, excepté Venezuela et Buenos-Ayres.

La régence appela à elle les cortès, au mois de septembre 1810; et, à cause des événemens impérieux de la guerre, elle les transféra à Cadix. L'assemblée était formée, 1° de députés des provinces, nommés par tous les citoyens, conformément au mode d'élection établi par la junte suprême, et de députés des juntes d'Amérique, élus par toutes les municipalités; 2° de députés des juntes supérieures de provinces; 3° de députés des villes et cités ayant droit de suffrage aux cortès; 4° enfin, de députés suppléans pour les pays à qui la présence des armées françaises, ou leur extrême éloignement, n'avaient pas permis d'envoyer leurs représentans.

De toutes parts arrivèrent des adresses d'adhésion, dans lesquelles leurs auteurs réclamaient une constitution et des *institutions dignes du pays*.

Une commission de quinze membres prépara l'acte constitutionnel, qui fut discuté et accepté avec enthousiasme au bruit du canon ennemi, et que la régence se hâta de faire proclamer.

Parmi les signataires de la constitution, on remarque: Augustin Arguelles, Mugnoz-Torrero, le comte Toreno, Calatrava, Guarcia Herreros, Villanueva, Antillon, Inguanzo, Caguedo, Vallente, Gutierrez de la Huerta, Mexia, Teran, Leyva, Arispe, Esteban, Muzquiz, Espiga, Oliveros, Perez-de-Castro, Moralez-Dutarel, Perez, Barcena, Ric, Jauregui, Mendiola, etc. etc.

L'unique reproche qu'on puisse adresser à ces cortès c'est d'avoir donné au duc de Vellington le commandement des armées espagnoles, alors que l'assemblée admettait en principe l'éloignement de tout étranger des affaires de l'Espagne.

Le décret pour la promulgation de la constitution, adressé à la régence, est daté de Cadix le 18 mars 1812 et signé *Vincent Pasqual*, président; *Joseph-Marie Gutierrez de*

Teran, député, secrétaire; *Joachim Diaz Caneja*, député, secrétaire.

Et l'ordre de la régence, adressé à don *Ignace de la Pezuela*, portant la même date, est revêtu des signatures de *Joachim de Mosquera y Figuera*, président; *Jean Villavicencio*; *Ignace Rodriguez de Rivas*; le comte *d'Abisbal*

Convoquées par la régence, les cortès ordinaires ouvrirent leur session, à Cadix, le 1er octobre 1813 Elles s'établirent bientôt après à l'île de Léon et transférèrent le siége de leur réunion à Madrid au mois de janvier 1814.

Pendant ces événemens, Napoléon signait, le 13 novembre 1813, un traité conclu à Valençay, par lequel il accordait la liberté à Ferdinand qui, de son côté, s'engageait à chasser les Anglais de l'Espagne et à conserver dans leurs biens et honneurs les partisans de Joseph.

Ferdinand ne partit néanmoins pour l'Espagne que le 3 mars 1814. Rentré à Madrid, il refusa de signer la constitution, qui lui était présentée au nom des cortès, quoiqu'il eut promis, avant son départ de Valençay, de ratifier tous les actes du gouvernement populaire. A ses yeux un trône valait bien un mensonge.

Il ne se borna pas là; il fit arrêter les membres de la régence et un grand nombre de députés aux cortès; l'assemblée fut dissoute et remplacée par les vieilles institutions de la monarchie; en vertu de sa puissance absolue, infaillible et divine, il recréa l'infâme tribunal de l'inquisition. La police, les cachots, l'exil, l'échafaud, la confiscation, tout ce qui trouble un pays et l'accable, l'Espagne le subit. Enfin, au mois de janvier 1820, un cri de liberté partit de l'île de Léon, berceau de l'indépendance nationale; poussé par Quiroga et par Riégo, qui mourut victime de son patriotisme, il fut entendu de l'Espagne entière, qui y répondit par de joyeuses acclamations et par le bruit des armes: bientôt Ferdinand se trouva trop heureux d'accepter une constitution qui garantissait sa vie et son pouvoir. (1).

Ferdinand trompa le peuple et l'endormit au moyen

(1) « L'Europe apprit que Ferdinand VII, se déclarant en pleine liberté, acceptait la constitution décrétée par les cortès, jurait de lui demeurer fidèle et s'engageait à la faire respecter. Ce serment fut solennellement prêté, le 7 mars 1820, au pied des autels, sur l'Évangile, à la face de la sainte croix et sous les auspices de ce que les Espagnols ont de plus sacré.» *Ephéméridce univers.* t, 3, p. 162.

de quelques apparences de soumission. Les Bourbons de France, ennemis nés de toute volonté populaire, vinrent en aide à ce roi : ils lui envoyèrent une armée nombreuse et de l'or pour soumettre et corrompre ; et quand le vainqueur du Trocadero revint à Paris, il n'y avait plus en Espagne qu'un roi jouant au martyre avec des corps de patriotes.

Depuis ce temps on n'avait plus entendu parler de la constitution de 1812, tant le peuple avait été façonné au joug, aux caprices d'une royauté sans limites et sans frein. Ferdinand mourut, et le gouvernement de l'état chûta aux mains d'une reine dont les excès de débauche seraient sans exemple, si le ciel n'eut pris le soin de lui donner une sœur pour perpétuer en commun les traditions de la famille.

Puis survint un ambitieux qui prétendit au trône, et alla organiser la guerre civile dans la Navarre.

O! alors la pauvre Espagne eut deux maîtres, Christine au nom d'Isabelle sa fille, et don Carlos au sien propre ; deux maîtres qui se disputèrent le prix de la spoliation et du sang ; qui recoururent tous deux à l'étranger, l'un du Nord, l'autre de l'Occident ; et dans ce conflit du carnage et de la corruption, dans cette dispute de deux ambitions opposées, également mauvaises et acharnées, le peuple n'apparût que comme une victime dévouée au plus fort, au plus sanguinaire.

Les citoyens de Malaga se lassèrent enfin : le drapeau de l'indépendance d'une main, et de l'autre la constitution de 1812, ils appelèrent leurs compatriotes à la liberté. A ce mot chéri des espagnols, un mouvement populaire éclata en même temps à Sarragosse, à Huesca, à Jaca, à Barbastro, à Valence, à Murcie, à Jaen, à Grenade, à Cordoue, à Cadix, à l'île de Léon, à Xérès, à Pont-Sainte-Marie, à Séville, à Badajoz, dans tout le haut et bas Aragon, dans toute la Catalogne et l'Andalousie.

Partout la constitution de 1812 fut proclamé avec les démonstrations du plus vif enthousiasme.

Le soulèvement de l'Espagne patriote ayant ému tout ce qu'il y a de cœurs généreux en France, nous avons cru devoir nous associer à ce sentiment si pur, en publiant une nouvelle édition du grand pacte de Cadix.

Puissent les Espagnols ne pas oublier qu'après six ans de sacrifices et d'efforts, leurs frères de l'île de Léon se sont laissé duper par un Ferdinand !

SAINT-EDME.

LA
CONSTITUTION ESPAGNOLE
DE 1812.

DON FERDINAND VII, par la grâce de Dieu et la constitution de la monarchie espagnole, et pendant son absence et sa captivité, la régence du royaume nommée par les cortès générales et extraordinaires, à tous ceux qui auront connaissance des présentes, faisons savoir que ces cortès ont décrété et sanctionné la constitution suivante:

Au nom de Dieu le Tout-Puissant, père, fils et saint-esprit, auteur et législateur suprême des sociétés;

Les *cortès* générales et extraordinaires de la nation espagnole, bien convaincues, d'après un long examen et une mûre délibération, que les anciennes lois fondamentales de cette monarchie, modifiées par une organisation et appuyées d'une garantie, qui assurent d'une manière stable et permanente leur entière exécution, rempliront le grand objet désiré, celui de la gloire et de la prospérité et du bien-être de toute la nation, décrètent, pour le bon gouvernement et la bonne administration de l'état, la constitution politique suivante:

TITRE PREMIER.

De la Nation espagnole et des Espagnols.

CHAPITRE PREMIER.

De la Nation espagnole.

Art. 1er. La nation espagnole se compose de tous les Espagnols des deux hémisphères.

2. La nation espagnole est libre et indépendante; elle n'est ni ne peut être le patrimoine d'aucune famille ni d'aucun individu.

3. La souveraineté réside essentiellement dans la nation; et, par la même raison, c'est à elle qu'appartient exclusivement le droit d'établir ses lois fondamentales.

4. La nation est obligé de conserver et de protéger, par des lois sages et justes, la liberté civile, la propriété et les autres droits légitimes de tous les individus qui la composent.

CHAPITRE II.

Des Espagnols.

5. Sont Espagnols :
1° Tous les hommes libres, nés et domiciliés dans les Espagnes, ainsi que leurs enfans ;
2° Les étrangers qui ont obtenu des lettres de naturalisation des cortès ;
3° Ceux qui, sans avoir obtenu ces lettres de naturalisation, sont domiciliés, conformément à la loi, depuis dix ans dans quelque lieu de la monarchie ;
4° Les affranchis, dès qu'ils ont acquis la liberté dans les Espagnes.

6. L'amour de la patrie est un des principaux devoirs de tous les Espagnols, ainsi que la justice et la bienfaisance.

7. Tout Espagnol doit être fidèle à la constitution, obéir aux lois et respecter les autorités constituées.

8. Tout Espagnol est également obligé, sans aucune distinction, de contribuer à proportion de ses facultés, aux dépenses de l'état.

9. Tout Espagnol est encore obligé de défendre la patrie, les armes à la main, quand il est appelé par la loi.

TITRE II.

Du Territoire des Espagnes, de sa Religion, de son Gouvernement et des Citoyens espagnols.

CHAPITRE PREMIER.

Du Territoire des Espagnes.

10. Le territoire espagnol comprend dans la péninsule, inclusivement avec ses possessions et ses îles adjacentes, l'Aragon, les Asturies, la vieille Castille, la nouvelle Castille, la Catalogne, Cordoue, l'Estramadoure, la Galice, Grenade, Jaen, Léon, Molina, Murcie, Navarre, les provinces biscaïennes, Séville et Valence, les îles Baléares, les Canaries et les autres possessions d'Afrique.

Dans l'Amérique septentrionale, la nouvelle Espagne avec la nouvelle Galice, et la péninsule de Yucatan, Guatimala, les provinces intérieures de l'est, les provinces intérieures de l'ouest, l'île de Cuba avec les deux Florides, la partie espagnole de l'île de Saint-Domingue, et l'île de Porto-Rico avec les autres terres adjacentes au continent de l'une et l'autre mer. Dans l'Amérique méridionale, la nouvelle Grenade, Venezuela et le Pérou, le Chili, les provinces de la rivière de la Plata, et toutes les îles adjacentes dans la mer Pacifique et dans l'Atlantique. Dans l'Asie, les îles Philippines et celles qui dépendent de son gouvernement.

11. Il sera fait une division plus convenable du territoire espagnol par une loi constitutionnelle, aussitôt que les circonstances politiques de la nation le permettront.

CHAPITRE II.

De la Religion.

12. La religion de la nation espagnole est et sera perpétuellement la religion catholique, apostolique, romaine, la seule vraie. La nation la protége par des lois sages et justes, et défend l'exercice de toutes les autres.

CHAPITRE III.

Du Gouvernement

13. L'objet du gouvernement est le bonheur de la nation, car le but de toute société politique n'est autre chose que le bien-être des individus qui la composent.

14. Le gouvernement de la nation espagnole est une monarchie limitée et héréditaire.

15. Le pouvoir de faire les lois appartient aux cortès concurremment avec le roi.

16. Le pouvoir de faire exécuter les lois appartient au roi.

17. Le pouvoir d'appliquer les lois dans les causes civiles et criminelles appartient aux tribunaux établis par la loi.

CHAPITRE IV.

Des Citoyens espagnols.

18. Sont citoyens les Espagnols nés de père ou de mère originaires des domaines espagnols dans les deux hémis-

phères, et domiciliés dans une commune de ces domaines.

19. Est également citoyen l'étranger qui jouissant déjà des droits d'Espagnol, obtiendra des cortès des lettres spéciales de citoyen.

20. Pour qu'un étranger puisse obtenir des cortès des lettres de naturalisation, il devra être marié avec une Espagnole et avoir importé ou établi en Espagne quelque invention ou industrie utile, ou avoir acquis des biens-fonds sur lesquels il paie une contribution directe, ou s'être établi dans le commerce avec un capital considérable et à lui appartenant au jugement des cortès, ou avoir rendu des services signalés pour le bien ou la défense de la nation.

21. Sont pareillement citoyens les fils légitimes des étrangers domiciliés dans les possessions espagnoles, qui étant nés dans les domaines espagnols, n'en sont jamais sortis sans la permission du gouvernement, et qui, ayant vingt-un ans accomplis, se sont établis dans un lieu des mêmes domaines, et y exercent quelque profession, emploi ou industrie utiles.

22. Quant aux Espagnols qui, par une descendance quelconque, tirent leur origine de l'Afrique, le chemin de la vertu et du mérite leur est ouvert pour aspirer à être citoyens, et, en conséquence, les cortès accorderont des lettres de citoyen à ceux qui auront rendu des services éminens à la patrie, et à ceux qui se distingueront par leur talent, leur application et leur conduite, sous la condition qu'ils soient enfans d'un légitime mariage de parens libres, qu'ils soient eux-mêmes mariés avec une femme libre, et établis dans les domaines espagnols, et qu'ils y exercent quelque profession, emploi ou industrie utiles avec un capital à eux appartenant.

23. Ceux-là seulement qui sont citoyens pourront obtenir des charges municipales, et élire à ces mêmes charges dans les cas indiqués par la loi.

24. La qualité de citoyen espagnol se perd :

1° Par la naturalisation acquise en pays étranger ;

2° Par l'acceptation d'un emploi de la part d'un autre gouvernement ;

3° Par une sentence portant peine afflictive ou infamante, à moins qu'on ne soit réhabilité ;

4° Par une résidence de cinq années de suite hors du territoire espagnol sans commission ou permission du gouvernement.

25. L'exercice des mêmes droits est suspendu;

1° En vertu d'une interdiction judiciaire pour incapacité physique ou morale;

2° Par l'état de débiteur failli ou de débiteur de deniers publics;

3° Par l'état de domesticité;

4° A défaut d'emploi, profession ou moyen connu d'existence;

5° Par des poursuites criminelles.

6° Dès l'année 1830, ceux qui voudront de nouveau entrer dans l'exercice des droits de citoyen, devront savoir lire et écrire.

26. Ce n'est que pour les causes indiquées dans les deux articles précédens que pourront se perdre ou être suspendus les droits de citoyen, et non pour d'autres.

TITRE III.

Des Cortès.

CHAPITRE PREMIER.

De la manière de former les Cortès.

27. Les cortès sont la réunion de tous les députés qui représentent la nation, nommés par les citoyens dans la forme qui va être indiquée.

28. La base pour la représentation nationale est la même dans les deux hémisphères.

29. Cette base est la population composée des naturels du pays nés d'un père et d'une mère originaires des domaines espagnols, et de ceux qui ont obtenu des cortès des lettres de citoyen, ainsi que de ceux compris dans l'article 21.

30. Le dernier recensement de l'année 1797 servira pour calculer la population des domaines européens, jusqu'à ce qu'un nouveau puisse être fait. Il sera formé un recensement pareil pour le calcul de la population des domaines d'outre-mer; mais on se servira, en attendant, des derniers, qui sont regardés comme les plus authentiques.

31. Pour chaque soixante dix mille âmes de la population comptée ainsi qu'il est dit dans l'art. 29, il y aura un député aux cortès.

32. Si, d'après la population de chaque province, il résulte dans une d'elles un excédent de plus de trente-cinq

mille âmes, on élira un député de plus, comme si le nombre s'élevait à soixante-dix mille ; et si le surplus n'excède pas trente-cinq mille, il ne sera pas compté.

33. S'il y avait quelque province dont la population ne s'élevât pas à soixante-dix mille âmes, pourvu toutefois qu'elle ne fût pas au-dessous de soixante mille, elle nommera seule un député, et si elle n'atteint pas à ce nombre, elle se joindra à celle contiguë, pour compléter le nombre requis de soixante-dix mille. L'île de Saint-Domingue sera exceptée de cette règle. Elle nommera un député quelle que soit sa population.

CHAPITRE II.

De la nomination des Députés aux Cortès.

34. Pour l'élection des députés aux cortès, il sera convoqué des juntes électorales de paroisses, de districts (*partido*) et de provinces.

CHAPITRE III.

Des Juntes électorales de Paroisses.

35. Les juntes électorales se composeront de tous les citoyens domiciliés et résidans sur territoire de la paroisse, parmi lesquels sont compris les ecclésiastiques séculiers.

36. Ces juntes se rassembleront toujours, dans la péninsule et dans les îles et possessions adjacentes, le premier dimanche du mois d'octobre de l'année antérieure à celle de la convocation des cortès.

37. Dans les provinces d'outre-mer, elles s'assembleront le premier dimanche du mois de décembre, quinze mois avant la session des cortès, sur l'avis que les municipalités devront donner préalablement pour les unes et les autres.

38. Dans les juntes de paroisse il sera nommé un électeur de paroisse pour chaque deux cents domiciliés.

39. Si le nombre des habitans de la paroisse excédait trois cents, sans cependant atteindre à quatre cents, on nommera deux électeurs ; s'il excédait cinq cents quand même il n'atteindrait pas à six cents, il en sera nommé trois, et ainsi progressivement.

40. Dans les paroisses dont le nombre d'habitans ne s'élève pas à deux cents, pourvu toutefois qu'elles en contiennent cent cinquante, il sera nommé cependant un

électeur; et dans celle où il n'y a pas ce nombre, les habitans se réuniront à ceux de la paroisse contiguë, pour nommer l'électeur ou les électeurs.

41. La junte paroissiale élira, à la pluralité des suffrages, onze délégués (*compromissarios*), pour que ceux-ci nomment l'électeur de paroisse.

42. Si, dans la junte paroissiale, il fallait nommer deux électeurs de paroisse, on élira vingt-un délégués; trente-un, s'il fallait en nommer trois, sans qu'en aucun cas on puisse excéder ce nombre de délégués, afin d'éviter la confusion.

43. On observera ce qui suit, afin d'avoir égard aux convenances des communes. La paroisse qui contiendra jusqu'à vingt habitans, élira un délégué; celle qui en contiendra trente à quarante, en choisira deux; celle qui en aura de cinquante à soixante, en élira trois, et ainsi progressivement. Les paroisses qui renfermeront moins de vingt habitans, se réuniront avec les plus voisines pour élire des délégués.

44. Les délégués des paroisses où la population sera peu nombreuse, après avoir été élus, ainsi qu'il vient d'être dit, dans l'endroit le plus convenable, et formant le nombre de onze, ou au moins de neuf, nommeront un électeur de paroisse; s'ils formaient le nombre de vingt un, ou au moins de dix-sept, il nommeront deux électeurs paroissiaux; et s'ils étaient réunis au nombre de trente-un, ou au moins de vingt-cinq, ils nommeront trois électeurs, et ainsi progressivement.

45. Pour être nommé électeur de paroisse, il faut être citoyen, majeur de vingt-cinq ans, domicilié et résidant dans la paroisse.

46. Les juntes de paroisse seront présidées par le premier magistrat politique (*gefe politico*) ou l'alcalde ou juge de la cité, bourg ou village dans lequel se tiendra l'assemblée, avec l'assistance du curé de la paroisse, afin de donner plus de solennité à cet acte; et si dans un même endroit il se trouve, à cause du nombre de ses paroisses, deux juntes ou au-delà, l'une sera présidée par le corrégidor ou alcalde, et les régidors (officiers municipaux) tirés au sort présideront les autres.

47. L'heure de la réunion étant arrivée, l'assemblée se tiendra à la maison de ville ou dans le lieu consacré à cet usage; les citoyens compétens s'étant réunis, se rendront avec leur président à la paroisse, où sera célébrée

une messe solennelle du Saint-Esprit par le curé de la paroisse, lequel prononcera un discours analogue aux circonstances.

48. La messe finie, ils retourneront à l'endroit d'où ils étaient partis; alors l'ouverture de la junte aura lieu par la nomination de deux scrutateurs et d'un secrétaire choisis parmi les citoyens présens, et l'on procédera les portes ouvertes.

49. Le président demandera ensuite si quelque citoyen à des plaintes à porter relativement à quelque fait de corruption ou de subordination qui pourrait avoir eu lieu en faveur de quelque individu; et si l'on porte quelque plainte, il en sera dressé procès-verbal, et fourni la preuve par le même acte. L'accusation étant prouvée, ceux qui auront commis le délit seront privés de voix active et passive. Les calomniateurs subiront la même peine, et ce jugement sera sans appel.

50. S'il s'élève des doutes sur les qualités requises pour pouvoir voter, la même junte portera sur-le champ la décision qui lui paraîtra convenable, et cette décision s'exécutera sans aucun recours, et n'aura d'effet que pour la circonstance actuelle et pour une fois seulement.

51. On procédera immédiatement après à la nomination des délégués: à cet effet, chaque citoyen désignera un nombre de personnes égal à celui des délégués, en s'approchant de la table où siégent le président, les scrutateurs et le secrétaire. Ce dernier inscrira sur une liste la personnes, en présence des votans. Dans cette élection, ainsi que dans les suivantes, il ne sera permis à aucun citoyen de voter sans cette forme, sous peine de perdre le droit de voter.

52. Cet acte étant terminé, le président, les scrutateurs et le secrétaire vérifieront les listes, et celui-ci publiera à haute voix les noms des citoyens qui auront été élus délégués, après avoir réunis le plus grand nombre de voix.

53. Les délégués nommés se réuniront dans un lieu séparé avant que la junte soit dissoute; et, en conférant entre eux, ils procéderont à la nomination de l'électeur ou des électeurs de cette paroisse; l'individu ou les individus qui réuniront plus de la moitié des voix seront élus; ensuite, la nomination se publiera dans la junte.

54. Le secrétaire dressera l'acte que le président et les délégués signeront avec lui, et dont ils remettront une

copie également signée à la personne ou aux personnes élues, pour constater leur nomination.

55. Aucun citoyen ne pourra se dispenser de cette charge par aucun motif, ni sous aucun prétexte.

56. Aucun citoyen ne se présentera en armes dans la junte paroissiale.

57. La nomination des électeurs étant vérifiée, la junte se dissoudra immédiatement, et tout autre acte, quelle qu'en soit l'intention, sera nul.

58. Les citoyens qui auront composé la junte, se transporteront à la paroisse, où sera chanté un *Te Deum* solennel, l'électeur ou les électeurs étant placés entre le président, les scrutateurs et le secrétaire.

CHAPITRE IV.

Des Juntes électorales de districts.

59. Les juntes électorales de districts se composent des électeurs de paroisses, qui s'assembleront dans le chef-lieu de chaque district, afin de nommer l'électeur ou les électeurs qui devront se rendre à la capitale de la province pour élire les députés aux cortès.

60. Ces juntes s'assembleront toujours dans la péninsule, dans les îles et possessions adjacentes, le premier dimanche du mois de novembre de l'année antérieure à celle où doivent s'assembler les cortès.

61. Dans les provinces d'outre-mer, elles s'assembleront le premier dimanche du mois de janvier, qui suivra celui de décembre, où se seront assemblés les juntes de paroisses.

62. Pour connaître le nombre d'électeurs que chaque district aura à nommer, on devra suivre les règles suivantes.

63. Le nombre des électeurs de district sera triple de celui des députés à élire.

64. Si le nombre des districts de la province était plus grand que celui des électeurs requis d'après l'article précédent, pour la nomination des députés qu'ils ont à choisir, on nommera néanmoins un électeur pour chaque district.

65. Si le nombre des districts était moindre que celui des électeurs qui doivent être nommés, chaque district en choisira un, deux ou plus, jusqu'à ce que le nombre nécessaire soit complété ; mais s'il manque un électeur

2

seulement, il sera nommé par le district dont la population sera la plus forte; s'il en manque encore un autre, il sera nommé par le district le plus fort en population après celui-ci, et ainsi de suite.

66. D'après ce qui est établi dans les articles 31, 32, 33, et dans les trois articles précédens, le recensement détermine combien de députés doivent être nommés dans chaque province, et combien d'électeurs dans chacun de ses districts.

67. Les juntes électorales de districts seront présidées par le premier magistrat ou par l'alcalde du chef-lieu de district, auxquels se présenteront les électeurs de paroisses, avec le titre qui fait foi de leur élection, afin que leurs noms soient enregistrés dans le livre sur lequel doivent être portés les actes de la junte.

68. Le jour indiqué, les électeurs se réuniront avec le président dans les salles de la maison de ville, les portes ouvertes, et commenceront par nommer un secrétaire et deux scrutateurs pris parmi eux.

69. Ensuite, les électeurs présenteront les certificats de leur nomination pour être examinés par le secrétaire et les scrutateurs, lesquels devront le lendemain avertir si ces certificats sont en règle ou non. Les certificats du secrétaire et des scrutateurs seront examinés par une commission de trois membres de la junte, chargée de faire son rapport à ce sujet dès le lendemain.

70. Ce même jour, les électeurs de paroisses étant assemblés, on lira les enquêtes faites sur les certificats, et s'il s'y trouve une observation contre la validité de quelqu'un de ces certificats, ou de la nomination des électeurs par défaut des qualités requises, la junte décidera définitivement, et séance tenante, ce qui lui paraîtra convenable. Ce qu'elle aura résolu sera exécuté sans appel.

71. Cet acte étant terminé, les électeurs de paroisses passeront avec leur président à l'église principale, où une messe solennelle du Saint-Esprit sera chantée par l'ecclésiastique le plus élevé en dignité, lequel prononcera un discours conforme aux circonstances.

72. Après cet acte religieux, ils se rendront de nouveau à la salle de l'assemblée, et les électeurs ayant pris leurs places sans aucune distinction de rang, le secrétaire lira ce chapitre de la constitution, et ensuite le président fera la même demande exigée par l'article 49, et l'on observera tout ce qui y est prescrit.

73. Immédiatement après, on procédera à la nominatio de l'électeur ou des électeurs de districts, en les élisan un à un, et par scrutin secret, moyennant des billet sur lesquels sera écrit le nom de la personne que chac[illegible] élit.

74. Les votes étant recueillis, le président, le secrétaire les scrutateurs en feront le recensement, la personne qu aura [illegible] au moins la moitié des votes, et un en sus, sera élue, le président publiera chaque élection. Si personn n'a obtenu la pluralité absolue des voix, les deux qui en auront le plus grand nombre seront seuls balottés dans le second scrutin, et celui qui aura obtenu le plus grand nombre de voix sera élu. En cas d'égalité de voix, le sort décidera.

75. Pour être électeur de district, il faut être citoyen jouir de l'exercice de ses droits, avoir vingt-cinq ans révolus, et être domicilié dans le district et y résider, de l'état séculier ou ecclésiastique séculier; le choix, au reste, peut tomber sur les citoyens qui composent la junte ou sur ceux qui n'en sont pas.

76. Le secrétaire redigera le procès verbal que signeront avec lui le président et les scrutateurs, et il en sera remis une copie signée des mêmes personnes, à celui ou à ceux qui auront été élus, afin de constater leur nomination. Le président de la junte remettra une autre copie signée par lui et par le secrétaire, au président de la junte provinciale. Le résultat de l'élection sera publié par la voie des papiers publics dans cette même province.

77. Dans les juntes électorales de districts, sera observé tout ce qui est prescrit pour les juntes électorales de paroisses, dans les articles 55, 56, 57 et 58.

CHAPITRE V.

Des Juntes électorales de provinces.

78. Les juntes électorales de provinces se composeront des électeurs de tous les districts de cette même province, qui se réuniront dans la capitale afin de nommer les députés qui doivent assister aux cortès comme représentans de la nation.

79. Les juntes s'assembleront toujours dans la péninsule, et les possessions et îles adjacentes, le premier dimanche du mois de décembre de l'année antérieure à la réunion des cortès.

80. Dans les provinces d'outre-mer, elles s'assembleront le second dimanche du mois de mars de la même année où se seront réunies les juntes de districts.

81. Les juntes seront présidées par le magistrat civil de la capitale de la province auquel les électeurs de districts se présenteront avec l'acte de leur élection, pour que leurs noms soient inscrits sur le livre, où doivent être enregistrés les actes de la junte.

82. Au jour indiqué, les électeurs de districts se réuniront avec le président dans l'hôtel-de-ville, ou dans l'édifice que l'on jugera le plus convenable pour un acte aussi solennel, et là, les portes ouvertes, ils commenceront par nommer à la pluralité des voix un secrétaire et deux scrutateurs pris parmi les électeurs.

83. Si une province n'a le droit de nommer qu'un seul député, elle concourra à cette élection par l'organe de cinq électeurs au moins, en répartissant ce nombre entre les districts dont elle est composée, ou en formant des districts pour ce seul effet.

84. On commencera d'abord par donner lecture des quatre chapitres de cette constitution qui traitent des élections. Ensuite on lira les extraits certifiés des procès-verbaux des élections faites dans les chefs-lieux de district, remis par les présidens respectifs; les électeurs présenteront de même les titres de leur nomination pour être examinés par les secrétaires et les scrutateurs qui devront rendre compte de leur régularité le jour suivant. Les certificats du secrétaire et des scrutateurs seront examinés par une commission de trois membres de la junte, nommés à l'effet d'en rendre compte pareillement le lendemain.

85. Les électeurs de district s'étant réunis ce jour même, il sera fait lecture des rapports sur les certificats, et s'il se trouve un défaut de régularité à l'un de ces certificats ou un obstacle à l'admission de l'électeur, la junte décidera définitivement et sans désemparer ce qu'elle jugera à propos, et ce qu'elle aura résolu s'exécutera sans appel.

86. Ensuite les électeurs de districts se transporteront avec le président à la cathédrale ou à la principale église, où il sera chanté une messe solennelle du Saint-Esprit, et l'évêque, ou à son défaut, l'ecclésiastique le plus élevé en dignité fera un discours approprié aux circonstances.

87. Cet acte religieux fini, on retournera à l'endroit d'où l'on était parti; et à portes ouvertes, les électeurs

ayant pris leurs places sans distinction de rang, le prési dent fera la demande contenue dans l'article 49, et l'o observera tout ce qui est prescrit dans ce même article.

88. Ensuite les électeurs présens procéderont à la nomi nation du député ou des députés, et les éliront un à un à cet effet, ils s'approcheront successivement de la table vis-à-vis de laquelle se trouvent le président, les scru tateurs et le secrétaire. Celui-ci écrira en présence de cha que votant le nom de la personne que l'électeur voudra nommer. Le secrétaire et les scrutateurs voteront les pre miers.

89. Tous les votes étant recueillis, le président, le secré taire et les scrutateurs en feront le dépouillement, e l'individu qui aura réuni au moins la moitié des voix e une en sus, sera élu. Si personne n'avait réuni la majorit absolue des voix, les deux qui en auront obtenu le plu grand nombre seront balottés une seconde fois, et celu qui aura réuni la majorité sera élu. Dans le cas d'égalité le sort décidera, et l'élection étant terminée, le présiden la fera connaître.

90. Après l'élection des députés, on procédera à celle des suppléans, d'après la même méthode et forme, et leu nombre sera pour chaque province en raison du tiers de députés effectifs. Si une province n'a droit qu'à un o deux députés, elle élira cependant un député suppléan Ceux-ci seront admis aux cortès toutes les fois qu'on aur constaté la mort du député effectif ou l'impossibilité o il se trouve d'y siéger, au jugement des cortès, en quelqu temps que l'un ou l'autre de ces événemens soit constat après l'élection.

91. Pour être député aux cortès, il faut être citoyen avoir l'exercice de ses droits, vingt-cinq ans révolus, êtr né dans la province, ou y être domicilié depuis sept an nées au moins. Les ecclésiastiques séculiers sont éligibles le choix peut tomber sur les citoyens qui composent l junte, ou sur ceux qui n'en sont pas.

92. Il faut en outre, pour être député aux cortès, avoi un revenu annuel convenable, provenant de biens pos sédés en propriété.

93. La disposition de l'article précédent demeure suspen due jusqu'à ce que les cortès qui doivent se tenir à l'aveni déclarent l'époque où elle devra être mise à exécution, e qu'ils déterminent la quotité du revenu et la qualité d biens desquels il devra provenir; ce qu'ils décideront alor

sera regardé comme disposition constitutionnelle, de même que si cela eût été déterminé dans la présente constitution.

94. S'il arrive que la même personne soit élue par la province où elle est née, et par celle où elle est établie, l'élection faite à raison du domicile sera maintenue, et celle faite à raison de sa naissance sera remplie de droit par le suppléant.

95. Les ministres, les conseillers d'état, et ceux qui remplissent des charges dans la maison du roi, ne pourront être élus députés aux cortès.

96. Ne pourra non plus être élu député aux cortès aucun étranger, quand même il aurait obtenu des cortès des lettres de citoyen.

97. Aucun fonctionnaire public nommé par le gouvernement ne pourra être élu député aux cortès par la province dans laquelle il exerce sa charge.

98. Le secrétaire dressera procès-verbal des élections, que le président et tous les électeurs signeront avec lui.

99. Les électeurs donneront sans retard et sans aucun prétexte de refus à chacun des députés, des pouvoirs étendus, et les autoriseront à se présenter aux cortès avec la formule suivante.

100. Les pouvoirs seront conçus dans les termes suivans:

Dans la cité ou le bourg de..... le.... du mois de.... l'an.... dans les salles de.... se trouvant assemblés *los senores* (on inscrira ici les noms du président et des électeurs de districts qui forment la junte électorale de la province) ont dit devant moi, le greffier soussigné, et les témoins convoqués à cet effet, qu'ayant procédé conformément à la constitution politique de la monarchie espagnole, à la nomination des électeurs de paroisses et de districts, avec toutes les solennités prescrites par la même constitution, comme il est constaté par les certificats produits dans une forme authentique, les électeurs mentionnés des districts de la province de.... le jour.... du mois de.... de la présente année, ont fait la nomination de leurs députés, qui, au nom et par représentation de cette province, doivent concourir aux cortès, et qu'ils ont élu en cette qualité messieurs N.... N...., N...., comme il résulte du procès-verbal rédigé et signé par N.... N....; qu'en conséquence ils leur donnent à tous en général, et à chacun en particulier, le pouvoir de remplir et d'acquitter les augustes fonctions de leur charge, de régler et statuer avec les autres députés aux cortès, comme représentant la nation espagnole, tout ce qu'ils croiront convenable pour le bien général, en usant des pouvoirs que la constitution détermine, et dans les limites qu'elle prescrit, sans avoir la faculté de déroger, altérer ou changer en aucune manière aucun de ses articles sous aucun prétexte; qu'ils s'obligent pour eux-mêmes et au nom de tous les habitans de cette province, en vertu des pouvoirs qui leur sont accordés comme électeurs nommés par cet acte, à tenir pour valable et à se soumettre à tout ce qu'ils statueront comme députés aux cortès, et à ce qu'ils décideront conformément à la constitution politique de la monarchie espagnole. C'est ce qu'ils ont exprimé et accordent en présence des témoins N.... N.... et en foi de quoi ils ont tous signé.

101. Le président, les scrutateurs et le secrétaire remettront sans retard à la députation permanente des cortès, une copie signée par eux, du procès-verbal des élections; et, lorsque lesdites élections seront rendus publiques par la voie de l'impression, il en sera envoyé un exemplaire dans chaque commune de la province.

102. Il sera donné aux députés par leurs provinces respectives, un traitement pour chaque jour fixé par les cortès, qui détermineront, durant la seconde année de leur session, la somme qui devra être allouée aux membres de la session suivante. Il sera alloué en outre aux députés d'outre-mer, la somme qui paraîtra nécessaire, d'après le jugement de leurs provinces respectives, pour les frais de voyage, aller et retour.

103. On observera dans les juntes électorales de provinces tout ce qui est prescrit dans les articles 55, 56, 57 et 58, à l'exception de ce qui est réglé par l'article 328.

CHAPITRE VI.

De la Tenue des Cortès.

104. Les cortès se réuniront tous les ans dans la capitale du royaume, dans l'édifice destiné à ce seul usage.

105. Quand elles jugeront convenable de se transférer en un autre endroit, elles le pourront, pourvu que cet endroit ne soit pas éloigné de la capitale de plus de douze lieues, et que les deux tiers de la députation présente soient d'accord sur le déplacement.

106. Les sessions des cortès de chaque année dureront au plus 3 mois consécutifs, à commencer du premier de mars.

107. Les cortès pourront prolonger leurs sessions au plus

pour un autre mois, et dans deux cas seulement, 1° sur une demande du roi; 2° si la prorogation est jugée nécessaire par une résolution des deux tiers des députés.

108. Les députés seront renouvelés en totalité tous les deux ans.

109. Si la guerre ou l'occupation de quelque partie du territoire de la monarchie par l'ennemi, empêchaient que tous ou quelques députés d'une ou de plusieurs provinces pussent se présenter à temps, les absens seront remplacés par les députés précédens des provinces respectives, en tirant au sort entre eux jusqu'à ce que le nombre demandé soit complet.

110. Les députés ne pourront être réélus qu'après l'intervalle d'une autre députation.

111. Lorsque les députés seront arrivés à la capitale, ils se présenteront à la députation permanente des cortès, qui fera porter leurs noms et celui de la province qui les aura élus, sur un registre dans le secrétariat des cortès.

112. L'année où les députés seront renouvelés, la première junte préparatoire s'assemblera le 15 février, à portes ouvertes. Les fonctions de président seront remplies par le président de la députation permanente, quel qu'il soit; le secrétaire et les scrutateurs seront également choisis parmi ses membres.

113. Dans cette première junte, tous les députés présenteront leurs pouvoirs, et l'on nommera à la pluralité des voix, deux commissions, une de cinq membres, pour examiner les pouvoirs de tous les députés, et une autre de trois, pour examiner ceux de la commission des cinq.

114. Le 20 du même mois de février, se réunira également, à portes ouvertes, la seconde junte préparatoire, dans laquelle les deux commissions rendront compte de la régularité des pouvoirs, en mettant sous les yeux les extraits des procès-verbaux des élections de provinces.

115. Dans cette junte et dans les autres qui auront lieu, jusqu'au vingt-cinquième jour, il sera prononcé définitivement et à la pluralité des voix, sur les difficultés élevées relativement à la légitimité des pouvoirs et à la qualité des députés.

116. Dans l'année qui suivra celle du renouvellement des députés, la première junte préparatoire se tiendra le 20 de février et jusqu'au 25 du même mois, celles qu'on jugera nécessaires pour décider, d'après le mode et la forme prescrits dans les articles précédens, sur la légitimité

des pouvoirs des députés qui se présenteront de nouveau.

117. Toutes les années, le 25 février, sera tenue la dernière junte préparatoire, dans laquelle tous les députés prêteront, en mettant la main sur les saints évangiles, le serment qui suit : « Jurez-vous de défendre et de conserver la religion catholique, apostolique, romaine, sans « en admettre aucune autre dans le royaume? R. Je le jure. « — Jurez-vous de garder et faire garder religieusement la « constitution de la monarchie espagnole sanctionnée par « les cortès générales extraordinaires de la nation en « l'an 1812? R. Oui, je le jure. — Jurez-vous de vous comporter bien et fidèlement dans la charge que la nation « vous a confiée, ayant en tout pour objet le bien et la « prospérité de la nation? — Oui, je le jure. — Si vous le « faites ainsi, Dieu vous en récompensera, et si non, il « vous en demandera compte. »

118. Ensuite on procédera à l'élection parmi les députés, et par scrutin secret, à la pluralité absolue des voix, d'un président, d'un vice-président, et des quatre secrétaires, après quoi les cortès seront regardés comme constituées, organisées, et la députation permanente cessera toutes ses fonctions.

119. Il sera nommé le même jour une députation composée de vingt-deux membres et de deux en sus, pris parmi les secrétaires, pour annoncer au roi que les cortès se sont constituées, et lui faire connaître le président qu'elles ont élu; le roi déclarera s'il veut assister à l'ouverture des cortès qui aura lieu le 1er de mars.

120. Si le roi se trouvait absent de la capitale, ladite communication lui sera faite par écrit, et le roi répondra de la même manière.

121. Le roi assistera en personne à l'ouverture des cortès; s'il se trouve un empêchement, le président lui fera connaître le jour indiqué, sans que, pour aucune raison, elle puisse être renvoyée à un autre jour. Les mêmes formalités seront observées pour l'acte de clôture des cortès.

122. Le roi entrera sans gardes dans la salle des cortès, il sera seulement accompagné des personnes désignées par le cérémonial pour sa réception et sa sortie, ainsi qu'il est prescrit par le règlement intérieur des cortès.

123. Le roi prononcera un discours dans lequel il proposera aux cortès ce qu'il croira convenable, et le président y répondra en termes généraux. Si le roi n'y assiste pas, il enverra le discours au président pour être lu dans les cortès.

124. Les cortès ne pourront délibérer en présence du roi.

125. Elles ne pourront délibérer dans le cas où les ministres se présenteraient pour faire des propositions au nom du roi. Les ministres pourront assister aux discussions des cortès lorsque celles-ci le permettront, et de la manière qu'elles le prescriront; ils pourront y parler, mais ils ne pourront être présens lorsqu'on ira aux votes.

126. Les séances des cortès seront publiques, et il ne pourra être tenu une séance secrète que dans le cas où une circonstance extraordinaire l'exigerait.

127. On observera dans les discussions des cortès, et dans toute autre chose relative à leur ordre intérieur, le réglement fait par les cortès générales et extraordinaires, sans préjudice des changemens que les cortès suivantes pourront juger convenable d'y faire.

128. Les députés seront inviolables pour leurs opinions, et ne pourront être repris ou cités (*reconvenidos*) en aucun temps, ni en aucun cas, ni par quelque autorité que ce soit. Dans les causes criminelles qui s'intenteraient contre eux, ils ne pourront être jugés que par le tribunal des cortès, et d'après le mode et dans la forme prescrits dans leur réglement. Pendant les sessions des cortès et un mois après, les députés ne pourront être cités ni exécutés pour dettes.

129. Les députés ne pourront, durant le temps de leur députation, à dater de l'époque où leur nomination est constatée dans la députation permanente des cortès, accepter pour eux-mêmes, ni solliciter pour d'autres un emploi quelconque à la nomination du roi, ni aucun avancement, à moins que ce ne soit pour parvenir à un grade auquel leur rang d'ancienneté leur donne droit, dans la carrière qu'ils parcourent.

130. De même ils ne pourront durant le temps de leur députation, et une année après le dernier acte de leurs fonctions, obtenir pour eux ou solliciter pour d'autres, une décoration quelconque, à la nomination du roi.

CHAPITRE VII.

Des Pouvoirs des Cortès.

131. Les pouvoirs attribués aux cortès sont :

1° De proposer et décréter les lois, de les interpréter et de les abroger dans le cas où il serait nécessaire;

2° De recevoir le serment du roi, du princes des Asturies et de la régence, ainsi qu'il est prescrit en son lieu;

3° De résoudre toute difficulté de fait ou de droit qui peut se rencontrer dans l'ordre de succession à la couronne;

4° D'élire la régence ou le régent du royaume dans les cas prescrits par la constitution, et de fixer les limites dans lesquelles la régence ou le régent devront exercer l'autorité royale;

5° De reconnaître publiquement le prince des Asturies;

6° De nommer le tuteur du roi mineur, dans le cas prévu par la constitution;

7° D'approuver, avant leur ratification, les traités d'alliance offensive, ceux de subsides, et les traités particuliers du commerce;

8° De permettre ou d'empêcher l'admission des troupes étrangères dans le royaume;

9° De décréter la création et la suppression de charges dans les tribunaux que la constitution établira, ainsi que la création et suppression des emplois publics;

10° De fixer chaque année, sur la proposition du roi, les forces de terre et de mer, en déterminant celles qui doivent être tenues sur pied en temps de paix, et leur augmentation en temps de guerre;

11° De donner des réglemens à l'armée, à la marine et à la milice nationale dans toutes les parties qui les constituent;

12° De fixer les dépenses de l'administration publique;

13° D'établir annuellement les contributions et impôts;

14° De lever des capitaux par la voie d'emprunt, en cas de nécessité sur le crédit de la nation;

15° D'approuver la répartition des contributions entre les provinces;

16° D'examiner et approuver les comptes de l'emploi des deniers publics;

17° D'établir des douanes et tarifs des droits;

18° De faire les réglemens convenables pour l'administration, la conservation et l'aliénation des biens nationaux;

19° De déterminer la valeur, le poids, le titre et la dénomination des monnaies;

20° D'adopter le système de poids et mesures qui paraîtra le plus utile et le plus équitable;

21° De provoquer et encourager tout genre d'industrie, et de lever les obstacles qui en arrêtent les progrès;

22° D'établir le plan général de l'enregistrement public dans toute la monarchie, et d'approuver celui pour l'éducation du prince des Asturies;

23° D'approuver les réglemens généraux de police et de santé dans le royaume;

24° De protéger la liberté politique de la presse;

25° De réaliser la responsabilité des ministres et autres fonctionnaires publics;

26° Enfin, il appartient aux cortès de donner ou de refuser leur consentement dans tous les cas et actes où la constitution le prescrit.

CHAPITRE VIII.

De la Formation des lois et de la Sanction royale.

132. Tout député a la faculté de proposer aux cortès des projets de lois, en le faisant par écrit, et en exposant les motifs sur lesquels ils sont fondés.

133. Deux jours au plus tard après qu'un projet de loi aura été présenté et lu, il sera lu pour la seconde fois, et les cortès délibéreront s'il sera admis ou non à la discussion.

134. S'il est admis à la discussion, et que l'importance de l'objet exige, au jugement des cortès, qu'il soit préalablement renvoyé à une commission, le renvoi aura lieu.

135. Quatre jours, au plus tard, après que le projet aura été admis à la discussion, on le lira une troisième fois, et alors on pourra indiquer le jour où la discussion sera ouverte.

136. Le jour fixé pour la discussion étant arrivé, elle aura lieu pour la totalité, et pour chacun des articles du projet.

137. Les cortès décideront si la matière est suffisamment discutée, et si l'on a décidé pour l'affirmative, on prononcera, s'il y a lieu ou non à recueillir les voix.

138. S'il y a lieu à émettre un vote, on y procédera sur-le-champ, en admettant ou rejetant, en tout ou en partie, le projet, ou en le changeant et modifiant suivant les observations qui auront été faites pendant la discussion.

139. On votera à la pluralité absolue des voix, et pour y procéder, il faudra au moins que la moitié, plus un, de la totalité des députés qui doivent composer les cortès soient présens.

140. Si les cortès rejettent un projet de loi, quelle qu'en ait été la discussion, ou s'ils décrètent qu'on ne doit pas recueillir les voix, il ne pourra plus être proposé dans la même année.

141. Lorsqu'il aura été adopté, il sera rédigé double sous la forme de loi, et lu dans les cortès, après quoi les deux originaux, étant signés par le président et les sécrétaires, seront présentés immédiatement au roi par une députation.

142. La sanction des lois appartient au roi.

143. Le roi donne la sanction par la formule suivante, signée de sa main : *soit publié comme loi.*

144. Le roi refuse sa sanction par la formule suivante, également signée de sa main : *soit renvoyé aux cortès* ; en y joignant en même temps un exposé des raisons qu'il a eues pour refuser.

145. Le roi aura trente jours pour user de cette prérogative. Si dans cet intervalle il n'a pas donné ou refusé sa sanction, il sera entendu qu'il l'a donnée, et il la donnera en effet.

146. La sanction ayant été donnée ou refusée par le roi, un des deux originaux, avec la formule prescrite, retournera aux cortès pour leur en être rendu compte. Cet original sera déposé dans les archives des cortès, et le double restera au roi.

147. Si le roi refuse sa sanction, le même objet ne sera plus discuté dans les cortès dans la même année ; cependant il pourra l'être l'année suivante.

148. Si le même projet est de nouveau proposé, admis et approuvé dans les cortès de l'année suivante, le roi pourra, lorsqu'il lui aura été présenté, donner sa sanction ou la refuser une seconde fois dans les termes des articles 143, 144, et, dans le dernier cas, il ne sera plus traité du même objet dans cette année.

149. Si le même projet est de nouveau, et pour la troisième fois, proposé, admis et approuvé dans les cortès de l'année suivante, il sera entendu, par cela même, que le roi y donne sa sanction ; et lorsqu'il aura été présenté, il la donnera, par le fait, au moyen de la formule exprimée dans l'article 143.

150. Si avant l'expiration du terme de trente jours, dans lequel le roi doit donner ou refuser sa sanction, le jour où les cortès doivent terminer leur session arrivait, le roi donnera ou refusera sa sanction dans les huit premiers jours de la session des cortès suivante ; et si ce terme passe sans qu'il l'ait donnée, il sera par cela même entendu qu'il l'a donnée, et il la donnera par le fait. Mais si le roi

refusait de sanctionner, les cortès pourront s'occuper de nouveau du même sujet.

151. Encore qu'il se passe une ou plusieurs années après que le roi aura donné ou refusé sa sanction à un projet de loi, sans que le même projet soit proposé, s'il vient à être reproduit dans le temps de la même députation qui l'avait adopté pour la première fois, ou dans une des deux députations qui la suivront immédiatement, il sera toujours censé être le même projet relativement aux effets de la sanction, dont parlent les trois articles précédens; mais s'il n'est pas reproduit pendant la durée des trois députations mentionnées, dût-il même être ensuite reproduit dans les mêmes limites, il sera regardé, quant aux effets mentionnés, comme un nouveau projet.

152. Si la seconde ou troisième fois que le projet est proposé dans le terme que fixe l'article précédent, il a été rejeté par les cortès, il sera regardé comme un nouveau projet en quelque temps qu'il se reproduise par la suite.

153. Les lois sont abrogées avec les mêmes formalités et par les mêmes voies qu'elles sont établies.

CHAPITRE IX.

De la Promulgation des Lois.

154. La loi ayant été publiée dans les cortès, il en sera donné avis au roi, pour qu'il soit procédé de suite à la promulgation solennelle.

155. Le roi, pour promulguer les lois, se servira de la formule suivante : « N. (le nom du roi), par la grâce de « Dieu et par la constitution de la monarchie espagnole, « roi des Espagnes, à tous ceux qui les présentes verront « et entendront, faisons savoir que les cortès ont décrété, « et nous sanctionnons la suivante loi (ici le texte littéral « de la loi), ordonnons donc à tous les tribunaux, cours « de justice, chefs, gouverneurs et autres autorités civiles, « militaires et ecclésiastiques, de quelque classe et dignité « qu'elles soient, qu'ils aient à garder et à faire garder, ac« complir et exécuter la présente loi dans toutes ses parties. « Vous prendrez les mesures convenables pour qu'elle soit « exécutée, et ferez les dispositions nécessaires pour « qu'elle soit imprimée, rendue publique, et communiquée « à qui de droit. » (Elle est adressée au ministre qu'elle concerne.)

156. Toutes les lois seront envoyées par lettres circulai-

res, avec ordre du roi, par les ministres respectifs de chaque département, directement à tous et chacun des tribunaux suprêmes et des provinces, et autres chefs et autorités supérieures, qui les transmettront aux subalternes.

CHAPITRE X.

De la Députation permanente des cortès.

157. Avant de se séparer, les cortès nommeront une députation qui s'appellera députation permanente des cortès, composée de sept membres pris dans son sein, trois des provinces de l'Europe, et trois de celles d'outre mer, le septième se retirera au sort entre un député d'Europe et un d'outre mer.

158. Les cortès nommeront en même temps leurs suppléans pour cette députation, un d'Europe, un d'outre-mer.

159. La députation permanente durera d'une assemblée des cortès à l'autre.

160. Les pouvoirs attribués à cette députation sont :

1° De veiller à ce que la constitution et les lois soient observées, afin de rendre compte à la prochaine assemblée des cortès des infractions qu'elle aura reconnues ;

2° De convoquer les cortès extraordinaires dans les cas prescrits par la constitution ;

3° De remplir les fonctions indiquées dans les articles 111 et 112 ;

4° De donner avis aux députés suppléans pour concourir à la place des députés primitifs ; et si les députés primitifs et les suppléans d'une province venaient à manquer par une cause quelconque, de lui faire parvenir les ordres nécessaires pour qu'elle procède à une nouvelle élection.

CHAPITRE XI.

Des Cortès extraordinaires.

161. Les cortès extraordinaires seront composés des mêmes députés qui composent les cortès ordinaires durant les deux ans de leur députation.

162. La députation permanente des cortès les convoquera dans les trois cas suivans, en indiquant le jour de leur réunion,

1° Lorsque le trône est vacant;

2° Lorsque le roi est hors d'état de gouverner de quelque manière que ce soit ou qu'il demande à abdiquer la couronne en faveur de son successeur. La députation permanente est autorisée, dans le premier cas, à prendre tous les moyens qu'elle juge convenables pour s'assurer de l'incapacité du roi.

3° Lorsqu'à raison de circonstances difficiles et pour des affaires graves, le roi trouvera convenable que les cortès s'assemblent, et qu'il en fait part en conséquence à la députation permanente des cortès.

163. Les cortès extraordinaires ne s'occuperont que du seul objet pour lequel elles sont convoquées.

164. Les sessions des cortès extraordinaires commenceront et se termineront avec les mêmes formalités que celles ordinaires.

165 L'assemblée des cortès extraordinaires ne dérangera pas l'élection des nouveaux députés au temps prescrit.

166. Si les cortès extraordinaires n'avaient pas terminé le jour indiqué pour la réunion des cortès ordinaires, les premières cesseront leurs fonctions, et les cortès ordinaires continueront l'affaire pour laquelle les premières auront été convoqués.

167. La députation permanente des cortès continuera les fonctions qui lui sont indiqués dans les articles 111 et 112, dans le cas compris dans l'article précédent.

TITRE IV.

Du Roi.

CHAPITRE PREMIER.

De l'Inviolabilité du roi et de son autorité.

168. La personne du roi est sacrée et inviolable. Le roi n'est sujet à aucune responsabilité.

169. Le roi aura le titre de *majesté catholique.*

170. Le pouvoir de faire exécuter les lois est l'attribution exclusive du roi, et son autorité s'étend à tout ce qui a pour objet la conservation de l'ordre public dans l'intérieur et la sûreté extérieure de l'état, en se conformant à la constitution et aux lois.

171. Outre la prérogative qui appartient au roi de sanctionner et de promulguer les lois, il exerce les fonctions suivantes, qui sont ses principales attributions;

1°. Il rend les décrets, réglemens et instructions qu'il croit nécessaires pour l'exécution des lois.

2°. Il veille à ce que la justice soit promptement et complètement rendue dans tout le royaume.

3°. Il déclare la guerre, fait et ratifie la paix, et en rend aux cortès un compte motivé.

4°. Il nomme les magistrats de tous les tribunaux civils et criminels, sur la présentation qui lui en est faite par le conseil d'état.

5°. Il nomme à tous les emplois civils et militaires.

6°. Il nomme à tous les évêchés et à toutes les dignités et bénéfices ecclésiastiques du patronage royal, sur la présentation du conseil d'état.

7° Il accorde des honneurs et des distinctions de toute classe, conformément à ce qui sera prescrit par les lois.

8° Il commande les armées et les flottes, et nomme les généraux.

9° Il dispose de la force armée, et la distribue comme il le juge convenable.

10° Il dirige les relations diplomatiques et commerciales avec les autres puissances, et nomme les ambassadeurs, ministres et consuls.

11° Il veille à la fabrication des monnaies, sur lesquelles il fait mettre son effigie et son nom.

12° Il décrète l'emploi des fonds destinés à chacune des branches de l'administration publique.

13° Il fait grâce aux coupables en se conformant aux lois.

14° Il propose aux cortès des lois ou les changemens qu'il croit nécessaires pour le bien de la nation, pour qu'ils en délibèrent en la forme prescrite.

15° Il admet dans le pays, ou il arrête les décrets consistoriaux et les bulles pontificales, d'après le consentement des cortès; dans le cas où les dispositions qu'ils contiennent sont générales, il entendra le conseil d'état, s'ils concernent les affaires particulières ou administratives; s'ils concernent les affaires contentieuses, il les fera examiner par le tribunal supérieur de justice, qui les jugera conformément aux lois.

16° Il nomme et renvoie librement les ministres.

172. L'autorité royale est soumise aux restrictions suivantes.

1° Le roi ne peut empêcher sous aucun prétexte, la réunion des cortès aux époques et dans les circonstances prévues par la constitution, ni les suspendre, ni les dissoudre, ni en aucune manière entraver leurs séances et délibérations. Ceux qui le conseilleraient ou l'aideraient dans une tentative ayant pour but des actes de cette nature, sont déclarés traîtres et seront poursuivis comme tels.

2° Le roi ne peut sortir du royaume sans le consentement des cortès ; s'il le fait, il est censé avoir abdiqué.

3° Le roi ne peut aliéner, céder, abandonner, ni de quelque manière que ce soit, transporter à un autre l'autorité royale, ni aucune de ses prérogatives. Si, pour une cause quelconque, il veut abdiquer la couronne en faveur de son successeur immédiat, il ne peut le faire sans le consentement des cortès.

4° Le roi ne peut aliéner, céder ou échanger aucune province, ville, bourg ou village, ni aucune portion, quelque petite qu'elle puisse être, du territoire espagnol.

5° Le roi ne peut faire d'alliance offensive, ni de traité spécial de commerce avec aucune puissance étrangère, sans le consentement des cortès.

6° Il ne peut non plus s'obliger, par aucun traité à fournir des subsides à aucune nation étrangère, sans le consentement des cortès.

7° Le roi ne peut céder ni aliéner les biens nationaux sans le consentement des cortès.

8° Le roi ne peut exiger directement par lui, ni indirectement, aucun impôt ou contribution, ou les demander sous quelque dénomination ou quelque prétexte que ce soit; mais ils doivent toujours être décrétés par les cortès.

9° Le roi ne peut accorder de privilége exclusif à aucune personne ou corporation.

10° Le roi ne peut ôter à aucun particulier, ni à aucune corporation, leur propriété, ni les troubler dans leur possession, usage ou profit de ladite propriété ; et si, dans un cas quelconque, il est nécessaire, pour un objet d'utilité commune et reconnue, de prendre la propriété d'un particulier, il ne pourra le faire sans l'indemniser sur-le-champ, et sans lui en donner la valeur bien contastée par experts.

11° Le roi ne peut priver aucun individu de sa liberté, ni lui infliger aucune peine de son autorité privée. Le ministre qui signe l'ordre, et le juge qui l'exécute, sont responsables envers la nation, et punis comme coupables d'attentat contre la liberté individuelle.

Seulement, dans le cas où le bien et la sûreté de l'état exigent l'arrestation d'un individu, le roi pourra donner des ordres à cet effet, mais à la condition que, dans les quarante-huit heures, il le fera livrer et mettre à la disposition du tribunal ou juge compétent.

12° Le roi, avant de contracter un mariage, en fera part aux cortès, pour obtenir leur consentement; et s'il ne le fait pas, il est censé abdiquer la couronne.

Le roi, à son avénement au trône, et s'il est mineur, lors qu'il arrivera au gouvernement, prêtera serment devant les cortès, conformément à la formule suivante :

N... (ici le nom du roi) par la grâce de Dieu et la « constitution de la monarchie espagnole, roi des Espagnes, je jure par Dieu et les saints évangiles de défendre et conserver la religion catholique, apostolique et « romaine, sans en permettre aucune autre dans le « royaume; de garder et faire garder la constitution et les « lois de la monarchie espagnole, ne considérant en tout « ce que je ferai, que son bien et son avantage; de n'aliéner, céder ni démembrer aucune portion du royaume; « de ne jamais exiger aucun revenu, denier, ni autre chose « que ce qui aura été décrété par les cortès; de ne jamais « dépouiller personne de sa propriété; de respecter surtout la liberté politique de la nation et la liberté individuelle de chaque individu. Et si j'agis d'une manière « contraire à ce que j'ai juré, soit en tout, soit en partie, « non-seulement je ne dois pas être obéi : mais ce en quoi « j'aurai contrevenu à mon serment, sera nul et de nul « effet. Sur quoi Dieu me soit en aide et me défende, et « sinon qu'il m'en fasse rendre compte. »

CHAPITRE II.

De la Succession à la Couronne.

174. Le trône d'Espagne est indivisible, et dès la promulgation de la constitution il sera transmis par une succession perpétuelle, dans l'ordre régulier de primogéniture, et de représentation, entre les descendans légitimes, hommes et femmes, et dans les lignes qui seront déterminées.

175. Ne peuvent être roi d'Espagne que les personnes nées d'un mariage constant et légitime.

176. Dans un même degré et une même ligne, les mâles seront préférés aux femmes, et toujours l'aîné aux cadets. Cependant les femmes d'une ligne ou d'un degré plus proche, quoique dans la même ligne, seront préférées aux mâles de ligne, ou degré plus éloigné.

177. Le fils ou la fille du premier né du roi, dans le cas où son père viendrait à mourir sans avoir succédé à la couronne, est préféré aux oncles et succède immédiatement à son grand père par droit de représentation.

178. La ligne inférieure ne peut entrer en succession tant que la ligne qui jouit de la succesion n'est pas éteinte.

179. Le roi d'Espagne est le Sr D. Ferdinand VII de Bourbon, qui règne actuellement.

180. Au défaut du Sr D. Ferdinand VII de Bourbon, succéderont ses descendans légitimes, mâles et femelles. Au défaut de ceux-ci succéderont les frères et oncles germains de son père, soit mâles ou femelles, ainsi que les enfans légitimes de ceux-ci dans l'ordre déterminé, observant toujours le droit de représentation et la préférence pour les lignes plus proches, sur les plus éloignées.

181. Les cortès doivent exclure de la succession l'individu ou les individus incapables de gouverner, ou qui ont commis un acte par lequel ils méritent de perdre la couronne.

182. Dans le cas où toutes les lignes dont il a été parlé viendraient à s'éteindre, les cortès appelleront une autre famille à la couronne, d'après l'intérêt de la nation, et on se conformera toujours à l'ordre et aux règles de succession établies par l'acte constitutionnel.

183. Lorsque la couronne doit échoir immédiatement, ou est échue à une femme, celle-ci ne pourra choisir un mari sans le consentement des cortès, et si elle agissait autrement, il est entendu qu'elle a abdiqué la couronne.

184. Dans le cas où une femme viendrait à régner, son mari n'aura aucune autorité dans les affaires du royaume, ni aucune part dans le gouvernement.

CHAPITRE III.

De la Minorité du Roi et de la Régence.

185. Le roi est mineur jusqu'à dix-huit ans accomplis.

186. Pendant la minorité du roi, le royaume sera gouverné par une régence.

187. Il en sera de même quand le roi, par quelque cause physique ou morale, se trouvera dans l'incapacité d'exercer son autorité.

188. Si l'incapacité du roi excède le terme de deux années, et que le successeur immédiat soit majeur et âgé de dix huit ans, les cortès pourront le nommer régent du royaume, au lieu de la régence.

189. Dans le cas où au moment de la vacance du trône, et que le prince des Asturies serait mineur, si les cortès ordinaires n'étaient pas assemblées, il y aura, jusqu'à ce que les cortès extraordinaires se réunissent, une régence provisoire, composée de la reine-mère, si elle existe, de deux membres de la députation permanente des cortès, les plus anciens suivant l'ordre de leur élection, et de deux conseillers d'état, les plus anciens; savoir : le doyen et le suivant..... S'il n'y a pas de reine-mère, le troisième conseiller d'état par rang d'ancienneté, sera membre de la régence.

190. La régence provisoire sera présidée par la reine-mère, si elle existe, et à son défaut par le membre de la députation permanente des cortès, qui sera le plus ancien par son rang d'élection à cette députation.

191. La régence provisoire n'expédiera que les affaires qui ne souffrent pas de délai, et ne destituera et ne nommera aucun fonctionnaire public, si ce n'est par intérim.

192. Les cortès extraordinaires étant réunies, nommeront une régence, composée de trois ou de cinq personnes.

193. Pour pouvoir être membre de la régence, il faut être citoyen jouissant de l'exercice de ses droits. Les étrangers en sont exclus, lors même qu'ils auraient obtenu des lettres de citoyen.

194. La régence sera présidée par celui de ses membres que les cortès désigneront. Aux cortès appartiendra de déterminer, en cas que cela soit nécessaire, si les membres de la régence devront présider tour-à-tour, et suivant quel mode.

195. La régence exercera l'autorité royale avec les restrictions déterminées par les cortès.

196. L'une et l'autre régence prêteront serment suivant la formule prescrite en l'article 173, en y ajoutant la clause d'être fidèles au roi; et la régence permanente y ajoutera en outre celle d'observer les conditions qui lui

auront été imposées par les cortès, pour l'exercice de son autorité, et aussitôt que le roi sera devenu majeur, ou que l'empêchement aura cessé, de lui remettre le gouvernement du royaume, sous peine, pour ses membres, s'ils différaient un moment de le faire, d'être poursuivis et punis comme traîtres.

197. Tous les actes de la régence seront publiés au nom du roi.

198. La tutelle du roi mineur appartiendra à la personne que le feu roi aura nommée par son testament. S'il n'y a pas pourvu, sera tutrice la reine mère, tant qu'elle restera veuve. A son défaut, le tuteur sera nommé par les cortès; dans le premier et le troisième cas, le tuteur devra être naturel du royaume.

199. La régence veillera à ce que l'éducation du roi mineur soit la plus convenable au grand objet de sa haute dignité, et qu'elle soit conforme au plan approuvé par les cortès.

200. Les cortès détermineront le traitement dont jouiront les membres de la régence.

CHAPITRE IV.

De la Famille royale et de la reconnaissance du Prince des Asturies.

201. Le fils aîné du roi portera le titre de prince des Asturies.

202. Les autres fils et filles du roi seront infans et infantes des Espagnes et en porteront le titre.

203. Seront pareillement infans et infantes des Espagnes les fils et les filles du prince des Asturies.

204. A ces personnes appartiendra exclusivement la qualité d'infans des Espagnes, sans qu'elle puisse s'étendre à d'autres.

205. Les infans des Espagnes jouiront des distinctions et honneurs dont ils ont joui jusqu'à ce jour, et pourront être nommés à tout espèce de fonctions, hormis les fonctions judiciaires et celles de membres des cortès.

206. Le prince des Asturies ne pourra sortir du royaume sans le consentement des cortès; s'il en sort sans l'avoir obtenu, il sera par cela même exclu de la successsion à la couronne.

207. Il en sera de même s'il reste hors du royaume au-delà du temps limité par le consentement des cortès, et

si, requis de revenir, il n'a pas obtempéré à la sommation dans le délai prescrit par les cortès.

208. Le prince des Asturies, les infans et infantes des Espagnes, leurs fils et descendans qui seront sujets du roi, ne pourront se marier sans le consentement du roi et des cortès, sous peine de perdre leur droit de succession à la couronne.

209. Une copie authentique des actes de naissance, de mariage et de mort de toutes les personnes de la famille royale sera remise aux cortès, et, à leur défaut, à la députation permanente, pour être déposée dans leurs archives.

210. Le prince des Asturies sera reconnu par les cortès, avec les formalités déterminées par leur réglement intérieur.

211. Cette reconnaissance sera faite par les premières cortès qui s'assembleront après sa naissance.

212. Le prince des Asturies, lorsqu'il aura atteint l'âge de quatorze ans, prêtera serment devant les cortès, dans la forme suivante : « N..... (le nom du prince) prince des »Asturies, je jure, par Dieu et les saints évangiles, de dé»fendre et conserver la religion catholique, apostolique »et romaine, sans en permettre aucune autre dans le »royaume, d'observer la constitution de la monarchie es»pagnole, et d'être fidèle et obéissant au roi. Sur ce, Dieu »me soit en aide. »

CHAPITRE V.

De la Dotation de la Famille royale.

213. Les cortès fixeront pour le roi la dotation annuelle de sa maison, d'une manière qui soit analogue à la haute dignité de sa personne.

214. Au roi appartiennent tous les palais royaux dont ont joui ses prédécesseurs, et les cortès fixeront les terrains qu'ils croiront à propos de réserver pour les plaisirs de sa personne.

215. Pour l'entretien du prince des Asturies, à compter du jour de sa naissance, et pour celui des infans et infantes, lorsqu'ils auront atteint l'âge de sept ans, les cortès détermineront des sommes annuelles proportionnées à leurs dignités respectives.

216. Lorsque les infantes se marieront, les cortès fixeront la somme qu'ils jugeront convenable à titre de dot, et cette dot payée, la pension annuelle cessera.

217. Si les infans se marient en Espagne, leurs pensions continueront à leur être payées; mais s'ils se marient hors d'Espagne, ces pensions cesseront d'avoir lieu, et il leur sera, une fois seulement, payé telle somme que les cortès aviseront.

218. Les cortès fixeront la pension dont devra jouir la reine douairière.

219. Le traitement des membres de la régence sera pris sur la dotation fixée pour la maison du roi.

220. La dotation de la maison du roi et les pensions de sa famille, dont il est parlé aux articles précédens, seront fixées par les cortès, au commencement de chaque règne, sans que dans le courant du même règne il puisse y être fait de changement.

221. Toutes ces sommes seront à la charge de la trésorerie nationale, qui les versera entre les mains de l'administrateur nommé par le roi, au nom duquel administrateur seront traitées toutes les actions actives et passives qui pourront avoir lieu pour raison d'intérêts.

CHAPITRE VI.

Des Ministres (*secretarios de estado y del despacho*).

222. Les ministres seront au nombre de sept; savoir :

Le ministre de l'intérieur (*de la gobernacion*), pour la péninsule et les îls ajacentes;

Le ministre de l'intérieur pour les pays d'outre mer;

Le ministre de grâce et de justice;

Le ministre des finances;

Le ministre de la guerre;

Le ministre de la marine.

Quant à ce qui est relatif à l'organisation des ministères, les cortès successives pourront y faire les changemens que l'expérience et les circonstances exigeront.

223. On ne peut être ministre sans être citoyen ayant l'exercice de ses droits. Les étrangers, lors même qu'ils auraient reçu des lettres de citoyen, sont exclus de cette fonction.

224. Un réglement particulier, approuvé par les cortès, déterminera les affaires qui entreront dans le département de chaque ministre.

225. Tous les ordres du roi devront être signés par le ministre dans les attributions duquel se trouvera l'affaire

dont il sera question. Aucun tribunal, aucun officier public n'exécutera ou ne fera exécuter d'ordre qui ne serait pas revêtu de cette formalité.

226. Les ministres seront responsables aux cortès des ordres contraires à la constitution et aux lois, sans qu'ils puissent s'excuser sur le commandement du roi par suite duquel ils les auraient signés.

227. Les ministres formeront le budget des dépenses du gouvernement, chacun dans son département respectif, et rendront compte de l'emploi des sommes allouées, de la manière qui sera déterminée.

228. Lorsque les cortès croiront que les circonstances exigent que la responsabilité d'un ministre soit réalisée, ils décréteront avant tout s'il y a lieu ou non à une accusation.

229. Le décret d'accusation étant rendu, les cortès remettront à la cour suprême de justice, toutes les pièces relatives au procès qui devra s'instruire dans ladite cour, qui l'examinera et prononcera conformément aux lois.

230. Les cortès fixeront le traitement que les ministres doivent recevoir pendant l'exercice de leur charge.

CHAPITRE VII.

Du Conseil d'état.

231. Il y aura un conseil d'état, composé de quarante membres, citoyens ayant l'exercice de leurs droits : les étrangers qui même auraient reçu des lettres de citoyen en sont exclus.

232. Il sera exactement composé ainsi qu'il suit : quatre ecclésiastiques seulement (*y no mas*), recommandables et bien connus par leur mérite et leurs lumières (*de conocida y probada ilustracion y merecimiento*), dont deux évêques : quatre grands d'Espagne, seulement (*y no mas*), doués de vertus, de talens et de connaissances requises (*adornados de las virtudes, talento y conocimientos necessarios*) ; les autres membres seront pris parmi les citoyens qui se seront distingués par leurs talens et leurs connaissances, et par les services signalés qu'ils auront rendus dans quelques unes des parties de l'administration et du gouvernement de l'état. Les cortès ne pourront proposer pour ces places aucun individu membre des cortès au moment de l'élection. Sur les membres du conseil d'état, douze, au moins, seront des provinces d'outre mer.

233. Tous les membres du conseil d'état seront nommés par le roi, sur la présentations des cortès.

234. Pour la formation de ce conseil, les cortès feront une liste triple, de sujets de toutes les classes, dans la proportion déterminée; le roi y choisira les quarante membres qui doivent composer le conseil d'état, en prenant les ecclésiastiques dans leur classe, les grands dans la leur, et ainsi de suite.

235. Lorsqu'il surviendra une vacance au conseil d'état, les premières cortès qui auront lieu présenteront au roi trois personnes de la classe respective, à fin qu'il élise celle qu'il voudra.

236. Le conseil d'état est le seul conseil du roi, et donnera son avis dans les affaires importantes, spécialement lorsqu'il s'agira de donner ou de refuser à une loi la sanction royale, de déclarer la guerre et de faire les traités.

237 A ce conseil appartiendra de présenter, par listes triples, des sujets pour les bénéfices ecclésiastiques, et pour les provisions des places de magistrature.

238. Le roi dressera un réglement pour la police du conseil d'état, après avoir préalablement entendu ledit conseil; et ce réglement sera soumis à l'approbation des cortès.

239 Les conseillers d'état ne pourront être destitués sans des motifs approuvés par la cour suprême de justice.

240. Les cortès fixeront le traitement dont doivent jouir les conseillers d'état.

241. Les conseillers d'état, en prenant possession de leurs places, jureront entre les mains du roi d'observer la constitution, d'être fidèles au roi et de ne lui conseiller que ce qu'ils croiront utile au bien de la nation, sans avoir égard aux individus ni aux intérêts particuliers.

TITRE V.

Des Tribunaux et de l'Aministration de la justice civile et criminelle.

CHAPITRE PREMIER.

Des Tribunaux.

242. Le pouvoir d'appliquer les lois dans les causes civiles et criminelles appartient exclusivement aux tribunaux.

243. Les cortès ni le roi ne pourront en aucun cas exer-

cer les fonctions judiciaires, évoquer une cause pendante, ni mettre en cause un procès jugé.

244. Les lois prescriront l'ordre et la forme des procédures, qui seront uniformes dans tous les tribunaux, et dont les cortès ni le roi ne pourront dispenser.

245. Les tribunaux ne pourront exercer d'autres fonctions que celle de juger et de disposer les choses pour que le jugement soit exécuté.

246. Ils ne pourront suspendre l'exécution des lois, ni faire aucun réglement pour l'administration de la justice.

247. Aucun Espagnol ne pourra être jugé dans les causes civiles et criminelles par aucune commission, il le sera par le tribunal compétent désigné antérieurement par la loi.

248. Il n'y aura dans les affaires ordinaires, civiles et criminelles, qu'une seule juridiction pour toutes les classes de personnes.

249. Les ecclésiastiques continueront à jouir de la juridiction de leur état d'après les termes prescrits par les lois, ou d'après ceux qu'elles prescriront par la suite.

250. Les militaires jouiront aussi d'une juridiction particulière d'après les termes portés par l'ordonnance ou ceux qu'elle portera par la suite.

251 Pour être nommé magistrat ou juge, il faut être né sur le territoire espagnol et avoir vingt-cinq ans révolus. Les autres qualités nécessaires pour remplir l'une ou l'autre de ces fonctions seront déterminées par la loi.

252. Les magistrats et les juges ne pourront être destitués de leurs charges, soit temporaires, soit à vie, si ce n'est pour une cause légalement prouvée et jugée; ils ne pourront être suspendus que sur une accusation légalement intentée.

253. S'il est porté des plaintes au roi contre un magistrat, et si après avoir formé une enquête (*expediente*) ces plaintes paraissent fondées, le roi ayant entendu son conseil d'état, pourra suspendre ce magistrat, en transmettant immédiatement l'enquête au tribunal suprême de justice, afin que celui-ci juge conformément aux lois.

254. Les juges sont responsables personnellement de toutes les fautes qu'ils commettront dans l'application des lois qui déterminent la procédure dans le civil et dans le criminel.

255. La subornation, la corruption et la prévarication

des magistrats et des juges produisent une action populaire contre les individus qui s'en rendent coupables.

256. Les cortès assigneront aux magistrats et aux juges de lettres (*de letras*) un traitement convenable.

157. La justice sera administrée au nom du roi; et les arrêts et les ordres des tribunaux supérieurs seront enregistrés en son nom.

258. Le code civil et criminel, ainsi que le code de commerce, seront les mêmes pour toute la monarchie, sauf les modifications qui pourront y être apportées par les cortès, selon les circonstances.

359. Il y aura dans la capitale du royaume un tribunal suprême de justice.

260. Les cortès fixeront le nombre de magistrats et des chambres dont il doit être composé.

261. Il appartient à ce tribunal suprême :

1° De régler les attributions respectives des audiences sur tout le territoire espagnol, celles des audiences et des tribunaux spéciaux, qui existent dans la péninsule et les îles adjacentes. La compétence respective des audiences et des tribunaux d'outre-mer sera déterminée par les lois :

2° De juger les ministres, lorsque les cortès décréteront qu'il y a lieu de les mettre en jugement;

3° De connaître les causes de destitution et de suspension des conseillers d'état, et des magistrats des cours de justice;

4° De connaître des crimes des ministres, des conseillers d'état, et des magistrats des cours judiciaires. L'instruction de ces procès appartenant au chef politique supérieur, et devant être remise par lui au tribunal suprême;

5° De connaître de toutes les causes criminelles qui seront intentées contre les individus de ce tribunal susprême. S'il arrive qu'il soit nécessaire d'agir en vertu de la responsabilité de ce tribunal, les cortès, après avoir rempli la formalité exigée par l'article 228, nommeront à cet effet un tribunal composé de neuf juges, qui seront élus par le sort, sur une liste en nombre double;

6° De connaître des délits de tout employé public soumis à sa juridiction d'après les lois;

7° De connaître de toutes les affaires contentieuses qui concernent le patronage du roi:

8° De connaître des appels en cas d'infractions commises par les tribunaux ecclésiastiques supérieurs de la capitale;

9° De connaître des appels en nullité qui ont lieu contre

les sentences portées en dernière instance, afin de recommencer le procès, et de rendre effective la responsabilité dont il est question dans l'article 254. Ces appels se feront aux audiences dans les pays d'outre-mer, et d'après la forme qui sera prescrite en son lieu.

10° D'écouter l'exposé de cas douteux qui lui seront présentés par les autres tribunaux sur l'obscurité de quelques lois, de consulter à ce sujet le roi, et lui exposer les motifs qui peuvent provoquer une explication de la part des cortès.

11° D'examiner la liste des causes civiles et criminelles qui doivent être présentées par les tribunaux supérieurs (*audiencias*), afin d'accélérer le cours de la justice, et d'en remettre, dans ce même but, une copie au gouvernement, et de la rendre publique par la voie de l'impression.

262. Il appartient aux tribunaux supérieurs de connaître de toutes les causes civiles de la compétence des tribunaux inférieurs, dépendans de leur ressort en seconde et troisième instance, et également pour les tribunaux criminels, comme le prescrivent les lois. Ils prendront aussi connaissance des causes de destitution et de suspension, qui concernent les juges inférieurs de leur juridiction, et des infractions qu'ils pourraient faire aux lois, ce dont ils avertiront le roi.

263. Les causes civiles et criminelles se termineront dans le territoire de chaque tribunal supérieur.

264. Des magistrats qui se sont rendus coupables dans un jugement de première instance, pourront être présents au procès qui aura lieu en troisième instance.

265. Il appartiendra également aux tribunaux supérieurs de connaître de la compétence entre les juges subalternes de leur juridiction,

266. Il leur appartiendra de connaître des appels pour les infractions qui pourront être commises par les tribunaux et autorités ecclésiastiques de leur juridiction.

267. Ils pourront aussi recevoir, de la part des juges subalternes, de leur juridiction, des avis relatifs aux causes intentées pour délits, et des listes des causes civiles et criminelles, pendantes dans leurs tribunaux, avec l'état où elles se trouvent, afin de provoquer une prompte reddition de justice.

268. Il appartiendra aux tribunaux supérieurs d'outre-mer de connaître des appels en matière de nullité; ces

appels doivent être portés aux tribunaux, composés d'un assez grand nombre de membres pour former trois chambres, devant lesquelles la même cause n'ait été plaidée en aucune instance. Lorsque ces tribunaux n'auront pas un nombre de membres suffisant, les appels auront lieu réciproquement d'un tribunal à l'autre, dans le district du même gouvernement supérieur. Mais dans le cas où il ne se trouvera qu'un seul tribunal supérieur dans le même district, on aura recours à ceux des districts voisins.

269. Lorsqu'un tribunal aura déclaré qu'il y a nullité, il en rendra compte au tribunal suprême de justice, en donnant les motifs de son jugement, afin que la responsabilité, dont il s'agit dans l'article 254, puisse avoir lieu.

270. Les tribunaux supérieurs remettront chaque année, au suprême tribunal de justice, des listes exactes des causes civiles, et tous les six mois, celles des causes criminelles, soit qu'elles aient été jugées ou qu'elles soient pendantes, avec l'exposé de l'état où elles se trouvent. Ils remettront pareillement celles qu'ils auront reçues des juges inférieurs.

271. On fixera, par des lois et des réglemens particuliers, le nombre des magistrats qui devront composer les tribunaux supérieurs, lesquels magistrats ne pourront être moins de sept; l'organisation de ces tribunaux, ainsi que le lieu de leur résidence, seront pareillement déterminés.

272. Lorsqu'il s'agira de régler la division du territoire Espagnol, conformément à l'article 11, on aura égard au nombre de tribunaux supérieurs à établir, et on fixera le territoire de leur juridiction.

273. On établira des districts d'une étendue proportionnellement égale, et il y aura dans chacune de leur capitale un juge lettré (*Juez de letras*), avec un tribunal.

274. L'attribution de ces juges se bornera à la partie contentieuse; et les lois régleront celles qui appartiendront aux capitales et aux communes de ces districts, ainsi que les affaires civiles dont ils pourront connaître sans appel.

275. On établira, dans toutes les communes, des juges (*alcaldes*) dont les attributions contentieuses et de police seront réglées par les lois.

276. Tous les juges des tribunaux inférieurs devront rendre compte, le troisième jour au plus tard, au tribunal supérieur de la juridiction dont ils dépendent, des délits commis dans leur territoire; ils continueront ensuite de

rendre compte de l'état de ces procédures aux époques qui seront fixées par ce tribunal.

277. Ils enverront pareillement, tous les six mois, à ces tribunaux, les listes générales des causes civiles; et tous les trois mois, celles des causes criminelles de leur ressort, ave l'exposition de l'état où elles se trouvent.

278. Les lois fixeront, s'il est nécessaire, l'établissement des tribunaux spéciaux pour certaines causes.

279. Les magistrats et les juges, en prenant possession de leur charge, jureront le maintien de la constitution, la fidélité au roi, l'observation aux lois, et d'administrer impartialement la justice.

CHAPITRE II.

De l'administration de la justice civile.

280. On ne pourra priver aucun Espagnol du droit de terminer ses différends par le moyen d'arbitres élus par les deux parties.

281. La sentence portée par les arbitres aura son exécution, à moins que les parties ne se soient réservé, par une convention, le droit d'appel.

282. L'alcalde de chaque commune y exercera l'office de conciliateur, et les personnes qui se présenteront devant lui pour fait de causes civiles ou d'injures, devront y apporter des sentimens de conciliation.

283. L'alcalde, conjointement avec deux hommes de bien, nommés chacun par l'une des parties, écoutera le plaignant et l'accusé, s'informera, prendra connaissance des raisons qu'ils allèguent respectivement, et prendra, après avoir entendu l'avis de ses deux assistans, les mesures qui lui paraîtront les plus propres à terminer le différend sans procès, ainsi que cela aura lieu, si les parties veulent se conformer à cette décision.

284. On ne pourra intenter aucun procès sans avoir prouvé, auparavant, qu'on a eu recours aux voix de conciliation.

285. Il y aura dans toutes les causes, de quelque nature qu'elles soient, au moins trois instances et trois sentences définitives Dans le cas où l'on appelle de deux sentences identiques à une troisième instance, le nombre des juges qui doivent prononcer sera plus considérable que celui qui aura prononcé dans la seconde, d'après la forme prescrite par la loi. La loi déterminera aussi, d'après l'identité

des causes, la nature et la qualité des différens jugemens, quelle doit être la sentence qui, dans l'un ou l'autre cas, doit être exécutoire.

CHAPITRE III.

De l'administration de la Justice criminelle.

286. Les lois régleront l'administration de la justice criminelle de manière que la procédure soit faite avec célérité et sans vice, afin que les délits subissent un prompt châtiment.

287. Aucun Espagnol ne pourra être arrêté, sans que préalablement il soit dressé une information touchant le fait d'après lequel il mérite d'être puni par une peine corporelle, et sans qu'en même temps le juge ne donne un ordre par écrit, qui sera notifié à l'accusé dès l'instant de sa détention.

288. Toute personne est tenue d'obéir à cet ordre : une résistance quelconque sera considérée comme délit grave.

289. Lorsqu'il y aura lieu de craindre la résistance ou la fuite, on pourra employer la force pour s'assurer d'une personne.

290. Le détenu sera présenté au juge avant d'être conduit en prison, afin qu'il en reçoive une déclaration, à moins qu'il ne survienne quelque empêchement ; et, dans ce cas, on le conduira en prison en qualité de détenu, et le juge recevra sa déclaration dans le délai de vingt-quatre heures.

291. La déclaration de la personne arrêtée se fera sans prêter serment, et on ne doit jamais en demander sur des faits personnels en matière criminelle.

292. Tout délinquant peut être arrêté en flagrant délit, et chacun a le droit de faire cette arrestation et de le conduire en la présence du juge. Après sa présentation ou sa détention en prison, on procédera en tout ainsi qu'il est établi dans les deux articles précédens.

293. Dans le cas où il sera décidé que la personne arrêtée doit être mise en prison, ou qu'elle y demeurera en qualité de détenu, on dressera un acte motivé dont copie sera envoyée au geôlier pour qu'il en fasse l'insertion sur le registre des prisons ; et celui-ci, dans le cas où cette formalité ne serait pas remplie, n'admettra personne en qualité de prisonnier, sous peine de la responsabilité la plus sévère.

294. La saisie des biens ne pourra avoir lieu que dans les seuls délits qui entraînent avec eux une responsabilité pécuniaire, et en proportion de la quotité exigible.

295. On ne conduira pas en prison la personne qui donnera une caution, dans les cas où la loi ne défend pas expressément qu'elle soit reçue.

296. Dans tout état de cause où il paraît que la peine capitale ne peut être infligée au détenu, on le mettra en liberté, pourvu qu'il fournisse une caution.

297. Les prisons seront disposées de manière que les détenus soient en sûreté, sans être incommodément. Le geôlier s'assurera de leur personne, en mettant dans des lieux séparés ceux qui doivent être tenus au secret; mais il ne les enfermera jamais dans des souterrains et des lieux malsains.

298. La loi déterminera les époques où il sera fait des visites dans les prisons, et aucun prétexte ne pourra servir d'excuse pour ne pas présenter alors les détenus.

299. Les juges et les geôliers qui contreviendront aux dispositions précédentes, seront punis comme coupables de détention arbitraire, délit qui sera spécifié dans le code criminel.

300. On signifiera à l'accusé, dans l'espace de vingt-quatre heures, les motifs de sa détention, et le nom de son accusateur, s'il y en a.

301. Avant de prendre la déclaration de l'accusé, on lui lira, d'une voix intelligible, les documens et déclarations des témoins, ainsi que leurs noms; et s'il ne connaissait pas ces témoins, on lui donnera sur leur compte tous les renseignemens qu'il pourra désirer.

302. Les procédures, à dater de ce moment, seront publiques, et dans la forme qui sera déterminée par les lois.

303. On n'emploiera jamais ni la violence ni la torture.

304. La confiscation des biens n'aura jamais lieu.

305. Aucune peine infligée pour quelque délit que ce soit, ne pourra, sous aucun rapport, déshonorer la famille du condamné, et celui-là seul qui la mérite en éprouvera les effets.

306. On ne pourra violer le domicile d'aucun Espagnol, si ce n'est dans les cas déterminés par la loi, et seulement pour le bon ordre et la sûreté de l'état.

307. Si les cortès pensent qu'il y ait lieu, par la suite, d'établir une distinction entre les juges de fait et ceux de droit, ils la régleront ainsi qu'ils le jugeront nécessaire.

308. Si dans des circonstances extraordinaires la sûreté de l'état exigeait de suspendre, dans toute la monarchie, ou seulement dans une partie, quelques unes des formes prescrites dans ce chapitre sur l'arrestation des délinquans, les cortès pourront décréter cette suspension pour un temps déterminé.

TITRE VI.

Du Gouvernement intérieur des Provinces et des Communes (pueblos).

CHAPITRE PREMIER.

Des Assemblées communales (ayuntamientos).

309. Il y aura pour le gouvernement intérieur des communes, des assemblées composées de l'alcalde ou des alcaldes, des régidors et procureurs syndics, présidées par le premier chef politique (*gefe político*) lorsqu'il s'en trouvera, et, à son défaut, par l'alcalde, ou s'il s'en trouve deux, par celui dont la nomination sera la plus ancienne.

310. On établira des assemblées dans les communes où il n'en existe pas, mais où il est convenable qu'il en soit formé, ce qui s'exécutera nécessairement dans celles qui par elles-mêmes ou par les habitations qui en dépendent, ont une population de mille ames : on déterminera l'arrondissement de chacune d'elles.

311. Les lois fixeront le nombre d'individus de chaque classe dont les assemblées doivent se composer, dans chaque commune et leurs dépendances.

312. Les alcaldes, les régidors et les procureurs-syndics seront nommés par élection dans chaque commune. Les fonctions de régidors et autres fonctions qui s'exerçaient à perpétuité dans les assemblées communales, sous quelque titre et dénomination que ce puisse être, sont abolies.

313. Les citoyens de chaque commune s'assembleront tous les ans, au mois de décembre, afin de faire les élections à la pluralité des voix, et en proportionnant le nombre des électeurs à la population; les électeurs doivent avoir leur résidence sur les lieux et avoir l'exercice des droits de citoyen.

314. Les électeurs nommeront dans le même mois, et à la pluralité absolue des voix, l'alcalde ou les alcaldes,

les régidors, le procureur ou les procureurs-syndics, qui commenceront à exercer leurs fonctions, le 1er janvier de l'année suivante.

315. Les alcaldes seront changés tous les ans, les régidors le seront par moitié chaque année; il en sera de même pour les procureurs-syndics lorsqu'il y en aura deux; mais le changement aura lieu chaque année s'il n'y en a qu'un seul.

316. Celui qui aura exercé quelqu'une de ces fonctions ne pourra être réélu à aucune d'elles, qu'après un intervalle au moins de deux années, lorsque la distribution de la population le permettra.

317. Pour être alcalde, régidor ou procureur-syndic, il faut, outre la jouissance des droits de citoyen, être majeur de vingt-cinq ans, et avoir une résidence de cinq années au moins dans la commune. Les autres qualités exigibles pour l'exercice de ces fonctions, seront déterminées par les lois.

318. Ne pourra être alcalde, régidor, ni procureur-syndic, aucune personne occupant et exerçant un emploi public, à la nomination du roi; les citoyens qui servent dans les milices nationales ne sont pas compris dans cet article.

319. Toutes les fonctions qui viennent d'être mentionnées seront des charges municipales, dont personne ne pourra s'exempter sans cause légale.

320. Il y aura dans chaque assemblée municipale un secrétaire, élu à la pluralité absolue des voix, et payé aux frais de la commune.

321. Les assemblées municipales ont les attributions suivantes :

1° La police de la salubrité et des objets d'intérêt public;

2° De prêter secours à l'alcade en tout ce qui concerne la sûreté des personnes et des propriétés, et la conservation de l'ordre public;

3° L'administration et l'emploi des revenus fixes ou extraordinaires, conformément aux lois et réglemens, à charge de nommer des dépositaires, sous la responsabilité de ceux qui les nomment :

4° De faire la répartition et le recouvrement des contributions, et de les remettre à la trésorerie assignée pour cet objet;

5° De surveiller les écoles primaires, et autres établissemens d'éducation, payés avec les deniers de la commune;

6° De surveiller les hôpitaux, les hospices, les maisons des enfans trouvés, et les autres établissemens de bienfaisance, en se conformant aux réglemens qui seront faits;

7° De soigner la construction et la réparation des chemins, des chaussées, des ponts et des prisons, des bois et des plantations appartenant aux communes, et de tous travaux publics de nécessité, d'utilité et d'ornement;

8° De rendre des ordonnances municipales de la commune, en les présentant à l'approbation des cortès, par la voie de la députation provinciale, qui donnera son avis;

9° D'encourager l'agriculture, l'industrie et le commerce, d'après les localités et les circonstances où se trouvent les habitans, et d'après leur utilité et leurs avantages.

322. Dans le cas où l'on aurait à faire des travaux, ou autres objets d'utilité publique, et qu'à défaut de revenus fixes, il fallût avoir recours à des contributions extraordinaires, on ne pourra en lever, qu'après en avoir obtenu l'autorisation des cortès par l'entremise de la députation provinciale. Mais dans le cas où le travail, ou l'objet auquel on destine ces contributions, serait urgent, les assemblées communales ont la faculté de lever provisoirement ces contributions, toutefois avec l'assentiment de la députation, qui en fera part aux cortès. Ces fonds seront administrés comme les revenus ordinaires.

323. Les assemblées municipales surveilleront la destination de ces fonds publics, sous l'inspection de la députation provinciale, à laquelle elles rendront compte chaque année de leur recouvrement et de leur emploi.

CHAPITRE II.

Du Gouvernement politique des Provinces et des Députation provinciales.

324. Le gouvernement politique des provinces résidera dans le chef supérieur (*gefe superior*) que le roi nommera dans chacune d'elles.

325. Il y aura dans chaque province une députation nommée députation provinciale, présidée par le chef supérieur et chargée de travailler à la prospérité publique.

326. Elle se composera du président, de l'intendant et de sept membres élus d'après la forme qui sera indiquée;

les cortès pourront cependant, si elles les jugent convenable, apporter par la suite un changement dans ce nombre, surtout s'il est exigé par la nouvelle division des provinces dont il est question dans l'article 2.

327. La députation provinciale se renouvellera tous les deux ans par moitié; à cet effet le nombre le plus considérable sortira la première année, le moins fort la seconde, et ainsi successivement.

328. L'élection de ces députés se fera par les électeurs de districts, le jour qui suivra celui auquel auront été nommés les députés des cortès, en se conformant aux règles prescrites dans l'élection de ces derniers.

329. On élira dans le même temps et dans la même forme trois suppléans pour chaque députation.

330 Pour être membre de la députation provinciale, il faut être citoyen jouissant de l'exercice de ses droits, majeur de vingt-cinq ans, naturel ou habitant dans la province depuis sept ans au moins, et ayant un revenu suffisant pour exister avec décence. En sont exclues toutes les personnes qui occupent des emplois à la nomination du roi, conformément à l'article 318.

331. Personne ne pourra être élu pour la seconde fois que la quatrième année au moins après qu'il sera sorti de ses fonctions.

232. Lorsque le chef supérieur de la province ne pourra présider la députation, il sera remplacé par l'intendant, et à son défaut par celui des membres qui aura été le premier élu.

333. La députation nommera un secrétaire, avec un traitement pris sur les fonds publics de la province.

334. La députation siégera chaque année au moins pendant quatre-vingt-dix jours, assignés aux époques qui lui paraîtront les plus convenables. Les députations se réuniront dans la péninsule le premier mars, et dans les possessions d'outre-mer, le premier juin.

335. Ces députations ont les attributions suivantes :

1° De régler et d'approuver la répartition des contributions mises sur la province;

2° De veiller sur le bon emploi des fonds publics des communes, d'examiner les comptes, d'y donner leur approbation, avant qu'ils soient présenté à celle de l'autorité supérieure, et de faire observer en tout les lois et les réglemens;

3° De veiller à ce qu'il se forme des assemblées partout

où il doit y en avoir, conformément aux dispositions de l'article 310 ;

4°. De proposer au gouvernement, dans le cas où il s'agirait de nouveaux travaux d'une utilité générale pour la province, ou de la réparation des anciens, les moyens d'exécution qu'elles jugent les plus convenables, et d'en solliciter la confection auprès des cortès.

Si l'urgence des travaux publics, dans les pays d'outre-mer, ne permettait pas d'attendre la décision des cortès, la députation pourra, avec le consentement exprès du chef de la province, employer immédiatement les fonds qu'elle jugera convenables, et en rendra compte, sans retard, au gouvernement, à l'effet de recevoir l'approbation des cortès.

La députation nommera, sous sa responsabilité, un caissier pour le recouvrement des fonds. Les comptes de l'emploi des fonds, et l'examen qui en sera fait par la députation, seront remis au gouvernement, pour qu'il les fasse reconnaître et vérifier, et qu'il les envoie ensuite aux cortès pour recevoir leur approbation.

5° D'encourager l'éducation de la jeunesse, selon les plans arrêtés ; d'encourager l'agriculture, l'industrie et le commerce, en protégeant les inventeurs des nouvelles découvertes.

6° De faire part au gouvernement des abus qu'elle observera dans l'administration des deniers publics.

7° De former le cens et la statistique de la province.

8° De veiller à ce que les établissemens de philanthrophie et de bienfaisance soient administrés conformément à leur destination ; de proposer au gouvernement les réglemens susceptibles de faire cesser les abus qui peuvent s'y introduire.

9° De faire connaître aux cortès les infractions à la constitution qui pourraient avoir lieu dans la province.

10° *Les* députations des provinces d'outre-mer veilleront sur l'administration, l'ordre et les progrès des missions pour la conversion des Indiens infidèles. Les chefs de ces établissemens leur rendront compte à ce sujet de leurs opérations, afin que les abus soient réformés : les députations en rendront compte à leur tour au gouvernement.

336. Si une députation abusait de ses pouvoirs, le roi pourra suspendre de leurs fonctions les membres qui la

composent, en faisant part aux cortès de la mesure qu'il aurait prise, et des motifs sur lesquels elle est fondée. Les membres suspendus seront de suite remplacés par les suppléans qui rempliront leurs fonctions.

337. Tous les membres des assemblées, et ceux des députations de province, prêteront, en entrant dans l'exercice de leurs fonctions, les premiers entre les mains du chef politique, lorsqu'il y en aura un, ou à son défaut à l'alcalde le plus ancien de nomination, les derniers entre les mains du chef supérieur de la province, le serment d'observer la constitution politique de la monarchie espagnole, et les lois, d'être fidèles au roi, et s'acquitter religieusement des devoirs de leur charge.

TITRE VII.

Des Contributions.

CHAPITRE UNIQUE.

338. Les cortès établiront ou confirmeront annuellement les contributions, soit directes ou indirectes, générales, provinciales ou municipales; les anciens subsisteront jusqu'à ce que leur abolition soit décrétée, ou qu'on en établisse d'autres.

339. Les contributions seront réparties également entre tous les Espagnols, en raison des facultés de chacun, sans aucun privilége ni exception.

340. Les contributions seront proportionnées aux dépenses décrétées par les cortès, pour les diverses branches du service public.

341. Afin que les cortès puissent fixer ces dépenses et les contributions destinées à y faire face, le ministre des finances présentera aux cortès, aussitôt qu'elles seront assemblées, l'aperçu général des sommes présumées nécessaires pour le service public, d'après les tableaux qui lui seront présentés par les ministres des autres départemens, des sommes présumées nécessaires pour le service particulier de chacun de ces départemens.

342. Le même ministre du département des finances, en même temps qu'il présentera l'aperçu des dépenses publiques, présentera aussi le plan des contributions à imposer, pour faire face à ces dépenses.

343. Dans le cas où le roi jugerait quelqu'un des impôts

établis, onéreux ou préjudiciable, il le fera connaître aux cortès par l'intermédiaire du ministre des finances, en indiquant quel autre impôt il estimerait convenable d'y substituer.

344. La somme des contributions directes une fois fixée, les cortès approuveront la répartition de cette somme entre les diverses provinces, dont chacune en supportera une quote proportionnée à sa richesse : à cet effet, le ministre des finances présentera de même les aperçus nécessaires.

345. Il y aura pour toute la nation une trésorerie générale, qui disposera de toutes les sommes destinées au service de l'état.

346. Il y aura dans chaque province une trésorerie particulière, où entreront toutes les sommes levées pour le trésor public : ce trésoreries provinciales seront en correspondance avec la trésorerie nationale, et tiendront tous leurs fonds à sa disposition.

347. Nul paiement ne sera passé en compte au trésorier général, s'il n'est fait en vertu d'un décret du roi, contresigné par le secrétaire des finances, et dans lequel sera énoncée la dépense à laquelle il aura été destiné, et relaté le décret des cortès en vertu duquel cette dépense aura eu lieu.

348. Afin que la trésorerie générale présente ses comptes avec l'exactitude convenable, la recette et la dépense devront être vérifiées respectivement par les commissions chargées de cette partie.

349. Afin que ces établissemens atteignent le but de leur institution, ils seront réglés par une instruction particulière.

350. Il y aura pour l'examen de tous les comptes des fonds publics une commission supérieure des comptes, qui sera organisée par une loi spéciale.

351. Le compte que la trésorerie générale rendra annuellement de toutes les contributions et de tous les revenus publics, ainsi que leur emploi, aussitôt qu'il aura été définitivement approuvé des cortès, sera imprimé, publié et envoyé aux députations de province et aux assemblées communales.

352. Le compte que rendra chacun des ministres des divers départemens du ministère, sera de même imprimé, publié et envoyé dans les provinces.

353. Le maniement des fonds publics restera toujours in-

dépendant de toute autorité, autre que celle à laquelle il est spécialement confié.

354. Il n'y aura point de douanes, si ce n'est dans les ports de mer et sur les frontières : du reste, cette disposition ne sera point mise à exécution jusqu'à la détermination ultérieure des cortès.

355. La dette publique reconnue sera un des premiers objets de l'attention des cortès : elles apporteront le plus grand zèle à en assurer l'extinction graduelle, et le paiement comptant des intérêts, en tant que cela les concerne, c'est-à-dire en réglant tout ce qui a rapport à cette branche importante de l'administration publique, soit quant aux paiemens à faire, lesquels seront parfaitement indépendans de la trésorerie nationale, soit quant aux commissions des comptes et de vérification.

TITRE VIII.

De la force armée nationale.

CHAPITRE PREMIER.

Des Troupes en service permanent.

356. Il y aura une force militaire nationale permanente de mer et de terre pour la défense extérieure de l'état, et pour le maintien de l'ordre intérieur.

357. Les cortès fixeront annuellement le nombre des troupes qui seront réputées nécessaires suivant les circonstances, et le mode le plus convenable de les lever.

358. Les cortès fixeront de même, chaque année, le nombre des bâtimens de la marine militaire qu'il sera convenable d'armer ou de maintenir armés.

359. Les cortès feront toutes les ordonnances nécessaires pour régler ce qui concerne la discipline, l'ordre d'avancement, la solde, l'administration, en un mot, la bonne constitution de la marine et de l'armée de terre.

360. Il sera formé des écoles militaires pour l'instruction des différentes troupes des armées tant de mer que de terre.

361. Nul Espagnol ne pourra se dispenser du service militaire, quand il y sera appelé suivant la forme prescrite par la loi.

CHAPITRE II.

Des Milices nationales.

362. Il y aura dans chaque province des corps de milice nationale, composés des habitans de la province en proportion de sa population et selon les circonstances.

363. Le mode de formation de ces milices, leur nombre, les divers lieux, leur organisation particulière, seront réglés par une ordonnance spéciale.

364. Le service que feront ces milices ne sera point continu; il n'aura lieu qu'autant que les circonstances l'exigeront.

365. Dans le cas où cela serait nécessaire, le roi pourra disposer de ces milices dans les limites de leurs provinces respectives; mais il ne pourra les employer hors de leurs provinces sans l'autorisation des cortès.

TITRE IX.

De l'Instruction publique.

CHAPITRE UNIQUE.

366. Dans tous les villages de la monarchie, il sera établi des écoles primaires, dans lesquelles on enseignera aux enfans la lecture, l'écriture, l'arithmétique et le catéchisme de la religion catholique, auquel on ajoutera une courte exposition des devoirs civils.

367. On créera et organisera aussi le nombre d'universités et d'autres établissemens d'instruction qui sera jugé convenable pour l'enseignement de toutes les sciences, de la littérature et des beaux arts.

368. Le mode général de l'enseignement sera uniforme dans tout le royaume: on expliquera la constitution politique de la monarchie dans toutes les universités et dans tous les établissemens littéraires où l'on enseignera les sciences ecclésiastiques et politiques.

369. Il y aura un directoire général des études, composé de personnes connues par leur savoir, et auxquelles sera confiée, sous l'autorité du gouvernement, la surveillance de l'enseignament public.

370. Les cortès régleront, par des plans et par des insti-

tions spéciales, tout ce qui concerne l'important objet de l'instruction publique.

371. Tous les Espagnols ont la liberté d'écrire, imprimer et publier leurs idées politiques, sans avoir besoin pour cela de licence, révision ou approbation quelconque antérieurement à la publication, sauf les restrictions et la responsabilité établies par les lois.

TITRE X.

De l'Observation de la Constitution, et de la Manière de procéder pour y faire des modifications.

CHAPITRE UNIQUE.

372. Les cortès, dans leurs premières sessions, prendront en considération les infractions à la constitution, qu'elles auront pu observer, afin d'y apporter le remède convenable, et de rendre effective la responsabilité des contrevenans.

373. Tout Espagnol a droit de remontrance auprès des cortès et auprès du roi, pour réclamer l'observation de la constitution.

374. Tout individu chargé d'un emploi public, civil, militaire ou ecclésiastique, en prenant possession de cet emploi, prêtera le serment de maintenir la constitution, d'être fidèle au roi, et de s'acquitter des devoirs de son emploi.

375. Avant huit années révolues, à dater de la mise en activité de la constitution dans toutes ses parties, on ne pourra proposer aucun changement, aucune addition, aucune réforme à aucun des articles de ladite constitution.

376. Pour faire quelque changement, addition ou réforme à la constitution, il faudra que la députation à laquelle il appartiendra de décréter définitivement ce changement ou cette réforme, reçoive des pouvoirs spéciaux pour cet objet.

377. Toute proposition de réforme à faire à quelqu'un des articles de la constitution, devra être faite par écrit, et approuvée et signée de vingt députés au moins.

378. La proposition de réforme sera lue trois fois avec l'intervalle de six jours d'une lecture à l'autre; et après

la troisième lecture on délibérera sur la question de savoir si cette proposition sera admise ou non à la discussion.

379. Si elle est admise à la discussion, on y procédera suivant les mêmes formalités, et par les lois prescrites pour la formation des lois; après quoi on mettra aux voix si elle sera de nouveau discutée dans la députation générale prochaine : et pour que l'affirmative soit adoptée, elle devra passer aux deux tiers des voix.

380. La députation générale suivante, après avoir observé de tous les points les mêmes formalités, pourra, dans l'une ou l'autre des deux années de sa session, déclarer, aux deux tiers des voix, qu'il y a lieu à demander des pouvoirs spéciaux pour faire la réforme projetée.

381. Cette déclaration faite, elle sera communiquée à toutes les provinces; et suivant le temps où elle aura été faite, les cortès détermineront si c'est à la députation immédiatement subséquente, ou à la suivante, que seront accordés les pouvoirs spéciaux.

382. Ces pouvoirs seront accordés par les juntes électorales des provinces, en ajoutant aux pouvoirs ordinaires la clause suivante :

« Ils leur donnent également le pouvoir spécial de faire « à la constitution la réforme mentionnée dans le décret « des cortès, dont la teneur suit (*Ici le texte littéral du décret*) : le tout conformément à ce qui est réglé par la « même constitution; et ils s'obligent à reconnaître et à « tenir pour constitutionnel ce qu'ils établiront en conséquence. »

383. La réforme proposée sera de nouveau discutée; et si elle est approuvée par les deux tiers des députés, elle deviendra constitutionnelle, et sera publiée comme telle par les cortès.

384. Une députation présentera au roi le décret de réforme, afin qu'il le fasse publier et adresser à toutes les autorités, et dans tous les lieux de la monarchie (1).

Nous ordonnons à tous les Espagnols, nos sujets, de quelque classe et condition qu'ils soient, qu'ils reçoivent et qu'ils observent la constitution présente, comme loi fondamentale

(1) Les signatures des membres des cortès se trouvent dans l'original, immédiatement après l'article 384, au nombre de 183, non compris les cinq qui sont ci-jointes.

de la monarchie. Nous donnons le même ordre à tous les tribunaux, juges, chefs, gouverneurs, et autres autorités civiles ou militaires, et ecclésiastiques de toutes classe et dignité, qu'ils observent et fassent observer, maintenir et exécuter cette constitution dans toutes ses parties. Vous l'aurez pour entendu, et vous prendrez les dispositions nécessaires pour son exécution, la faisant imprimer, publier et circuler. JOAQUIN DE MOSQUERA Y FIGUEROA, président. — JUAN VILLAVICENCIO. — IGNACIO RODRIGUEZ DE RIVAS. — Le comte DEL ABISBAL. — A Cadix, le 19 de mars 1812. — A. D. IGNACIO DE LA PEZUELA.

Chez les mêmes libraires :

HISTOIRE DE CHRISTIANISME, par de Potter ; trois premiers volumes en vente.

HISTOIRE DE LA REVOLUTION FRANCAISE, depuis 89 jusqu'à l'empire, par M. P. Tissot, membre de l'Académie Française ; 6 vol. in-8°, formant la matière de 12 vol. ; prix : 21 fr.

LE COSAK, roman historique, par Czynski, auteur du grand duc Constantin ; 2 vol. in-8° ; prix : 15 fr. Cet ouvrage est orné d'un portrait et de musique.

Sous presse :

STENKO LE BANDIT, roman historique par Czynski.

HISTOIRE DES SOCIÉTÉS SECRÈTES, par Augier, la Souzain et Saint-Edme ; 3 vol. in-8°.

BIBLIOTHEQUE DU CHANT, par M. Mainzer.

MARIE-JEANNE GRANDE DAME, 4 vol. in-12, par M. Grué.

ÉTUDES POPULAIRES AU XIXe SIECLE, 1re livraison.

JEAN GIROUD LE PARISIEN, 2 vol. in-8°, par Auguste Ricard.

Contraste insuffisant

NF Z 43-120-14

www.ingramcontent.com/pod-product-compliance
Ingram Content Group UK Ltd.
Pitfield, Milton Keynes, MK11 3LW, UK
UKHW031948260826
14628UKWH00004B/1918

9 782014 441635